LE PETIT POLÉMISTE

"Domaine français"

DU MÊME AUTEUR

CHRONIQUE ALICIENNE, Actes Sud, 1997 ; J'ai lu n° 5608.
LE FILS DE LA SARDINE, Actes Sud, 1999 ; Babel n° 503.
MON CAS PERSONNEL, Actes Sud, 2002 ; Babel n° 631.
FACE AUX MASSES, Actes Sud, 2008 ; Babel n° 1682.
L'HOMME À DÉBATTRE, Actes Sud, 2014.

ISBN 978-2-330-13525-6

ILAN DURAN COHEN

Le Petit Polémiste

roman

ACTES SUD

Je n'aurais jamais dû ouvrir ma gueule. C'était un dîner parisien stupide, de routine, qui occupe une soirée d'ennui, on ne s'attend à rien, tu ne sais plus qui parle, les voix et les rires, quand il y en a, s'entremêlent joyeusement, tu dis n'importe quoi, tu n'écoutes plus les réponses qui t'assomment et t'indiffèrent, tu es là, à peine présent, juste là et ça passe. Je suis polémiste, c'est ce qu'on sait de moi, mon métier déclaré au ministère. Un petit polémiste à deux balles que l'on reconnaît dans la rue. Un coupe-file comme un autre.

Lorsque j'émets une opinion, on ne me prend pas franchement au sérieux. On m'écoute, on fait semblant de réfléchir, on s'offense un peu puis on passe à autre chose, très vite, c'est la règle. Je ne suis pas vraiment un intellectuel, ni un penseur, je cherche juste des manières d'offenser, pour interpeller les âmes usées et résistantes à tout. J'officie sur une petite chaîne de la télévision numérique qui diffuse aussi sur l'internet. Bizarrement, la télé à l'ancienne, qui s'acharne à gaver à heures fixes ses téléspectateurs d'images calibrées pour combler l'ennui ou la flemme de choisir, a vaillamment survécu au progrès. La télé tombe en miettes, mais il y aura toujours un paumé ou une famille qui n'a pas envie de se parler pour actionner une télécommande poisseuse.

Je chronique, je remplis le vide. Mes confrères plus prémiums ont accès aux chaînes d'information nationales et leur niveau de salaire est bien plus élevé que le mien. On les respecte, ils vont d'une chaîne à l'autre dispenser leur savoir, leur opinion, leur analyse avertie, ils ont toujours raison, c'est leur métier.

Ma petite carrière d'écrivain et de réalisateur de cinéma s'est dissoute d'un coup, sans prévenir, un matin, je me suis réveillé pour réaliser que je n'étais plus rien. Mon téléphone ne sonnait plus, mes velléités d'artiste s'étaient désintégrées en plein vol, sans doute à cause des nouvelles fournées de jeunes gens plus ambitieux qui arrivaient à maturité.

Cette jeunesse savait se mouvoir avec expertise dans le dédale des nouvelles règles, des usages et des tolérances. Moi je m'y perdais, les limites à ne pas dépasser m'étourdissaient et me faisaient souvent faire n'importe quoi, un peu comme un gosse qui ne sait pas jouer avec le feu. La création était devenue fortement réglementée, il y avait le bureau de la censure, celui du contrôle des égalités, le bureau de la juste représentation, de la parité, de l'anti-négation du réchauffement climatique, obtenir les visas d'exploitation de chacun de ces offices était devenu un parcours du combattant assommant pour l'artiste que je ne souhaitais plus être.

Mon emploi de petit polémiste cathodique était une planque idéale, car les jeunes étaient assez prévisibles, ils étaient exclusivement attirés par les grandes tendances écologiques ou humanistes qu'ils épousaient facilement pourvu qu'on les leur martèle correctement dans le crâne. L'intolérance les révulsait et ils s'acharnaient au respect obligatoire de l'autre, les adultes étaient irresponsables et pourris par nature. Cette jeunesse n'avait que sa morale en tête, l'égalité absolument, et les dérèglements climatiques dont on ne venait pas à bout, la Terre qu'il fallait protéger, la biodiversité qu'il fallait ressusciter, l'air qu'elle respirait, l'eau qu'elle buvait, ces agriculteurs qu'il fallait punir car ils profitaient de notre bonne terre, ces gamins souhaitaient que leur vie soit juste, comme si c'était possible, c'était facile de les offenser dans la limite du raisonnable. Ils avaient aussi soif de spiritualité, donner un sens à leur quotidien et leur futur, ils cherchaient le divin mais surtout sans Dieu, un concept plus concret, plus cool, moins contraignant. La Planète comme idole suprême convenait à toute cette jeunesse impatiente et implacable. La Terre et les éléments se fâchaient quand on était méchant et égoïste, c'était rationnel. La Planète punissait avec justesse et courroux. Elle savait aussi être clémente et généreuse lorsqu'on la servait et la respectait sans réserve.

Nous étions une trentaine de polémistes assermentés par l'État, reconnus d'utilité publique, on nous donnait une carte, une licence pour exercer, il ne fallait pas la perdre, elle était difficile à récupérer. La perdre était perçu comme une négligence et un irrespect de la fonction sacrée, nous servions la démocratie, notre carte en était la preuve irréfutable.

Obtenir ce job avait relevé du miracle. J'avais appelé Fabien, mon protecteur depuis le lycée, il passait son bac quand j'étais en quatrième, il était amoureux de mon frère qui était dans sa classe, j'étais un prétexte de rapprochement, grâce à l'indifférence de Benjamin, nous étions devenus amis.

Après maintes hésitations, je composai son numéro sous la ferme insistance de ma mère qui me reprochait de ne jamais utiliser mes contacts et qui me menaçait tout simplement d'interrompre son soutien financier. Je crois qu'elle en avait assez de mes prétentions artistiques qui ne donnaient plus rien et qui lui faisaient un peu honte. C'était une calamité d'avoir un de ses fils cinéaste, voire écrivain. J'avais eu un coup de chance à vingt ans qui n'avait pas vraiment perduré.

Fabien m'avait proposé ces chroniques et la carte professionnelle qui allait avec, il avait d'excellents contacts aux ministères de l'Intérieur et de la Culture et la chaîne n'avait rien contre une période d'essai. Et puis ça t'aidera à vaincre ta timidité. En vérité, tu n'aspires qu'à la lumière, comme tout le monde, avait-il ajouté. Peut-être. Je n'avais pas de réponse. Il me fallait juste ce salaire, histoire de moins dépendre de ma mère.

Ma petite renommée me sauvait. Un premier roman avait plu, j'avais vingt ans et j'étais insolent de talent, ça m'avait surpris moi-même, j'habitais encore chez mes parents. Je n'avais jamais écrit de second roman car les mots et leur puissance m'effrayaient, j'avais préféré me lancer dans le cinéma indépendant tendance commercial en réalisant un film d'action pour adolescents, une œuvre un peu folle, tournée à l'arrache avec de jeunes acteurs gonflés d'audace et d'énergie. Ce film avait cartonné, à la consternation générale, m'attirant pêle-mêle l'animosité des critiques littéraires et cinématographiques tant ils ne supportaient pas l'indéfinissable, les touche-à-tout, le succès de cette œuvre indigne imprégnée d'insouciance et de bêtise. Un critique avait même suggéré qu'un jour je sombrerais dans les pires thèses fascistes et nationalistes, j'étais potentiellement dangereux. La passion avec laquelle je me plongeais dans mes scènes de violence était tout simplement obscène et immorale. Il n'y avait que des hommes dans ce film, pas une femme, c'était un exercice de style jugé intolérable. On me reprocha même "la scandaleuse absence de représentation des différentes communautés ethniques et religieuses", bref je faisais l'apologie de l'homme blanc et personne ne comprenait le succès du film, moi le premier, car mes héros étaient tous un peu dégénérés et bêtes comme leurs pieds. J'avais trahi mon propre talent. Les critiques ne reconnaissaient pas dans ce film l'auteur si prometteur et sensible de ce premier roman qu'ils avaient défini comme "empreint d'une triste humanité".

“Salut les potos. Le chiffre des naissances dans les prisons explose. Bim bam boum ! Depuis des années que les prisons sont mixtes, il s’est créé dans nos bonnes tours carcérales, d’ailleurs de plus en plus hautes, faut pas avoir le vertige quand tu te retrouves dans la cellule au centième étage avec sa petite lucarne en verre blindé, je vous disais donc qu’il s’est créé une société parallèle florissante bien plus fun que la nôtre. Tu trouves ça normal ? Je demande aux députés de voter la séparation des sexes dans les prisons. Il n’est pas juste qu’au nom de l’égalité, les prisons soient devenues des lieux super cool avec écoles, hôpitaux et cours de récréation. Les gosses nés en milieu carcéral s’en tirent mieux que ceux qui sont dehors. Plus libres, ouais, je l’affirme, ils échappent même au mapping. Oups, pardon j’ai oublié qu’il est interdit de mentionner le mapping ! Qu’il y ait des couples heureux qui s’y forment, je veux bien, j’ai rien contre, mais ils ne passent même pas par l’Algorithme, c’est condamnable, il est top l’Algorithme ! J’affirme que les femmes méritent une prison séparée… Bon à dire vrai, les prisons, je m’en fous, ça m’angoisse, et je ne les envie pas, comment font-ils pour vivre dans six mètres carrés, fonder une gentille famille et s'aimer ? Ce que je veux vraiment dire aujourd'hui, c'est que je ne suis plus d'accord avec le football obligatoirement mixte. Le foot a perdu de sa brutalité et de son excitation. J'implore nos bons législateurs d'autoriser les ligues purement masculines comme dans l'ancien temps. Tous ces joueurs et joueuses sont tellement dans la retenue ! Ils sont terrifiés à l'idée de faire mal à l'autre sexe. Le jeu, c'est avant tout la castagne, faut y aller, faut que ça cogne, oui, j'ose l'affirmer, on ne doit jamais respecter son adversaire ! Regarde au tennis, les matchs devenus obligatoirement homme-femme ont fait chuter l'audience des retransmissions des finales et tout le monde s'ennuie parce que c'est trop souvent le mec qui remporte la coupe. Ne peut-on obtenir des dérogations ? Juste pour ces sports qui sont mes favoris ? Je promets qu'en échange, je ne parlerai plus de mon droit à la médiocrité, j'ai toujours raté tous mes examens y compris mes prises de sang. Je suis Alain Conlang et je m'ennuie à mourir !"

Chronique du 1er juillet 2029. A obtenu une très bonne audience mais ai reçu un avertissement sévère de la part de la commission du contrôle avec menace sérieuse de suspension de ma licence de polémiste.

J'avais mentionné le mapping. C'était interdit.

La direction de la chaîne, bien que très satisfaite des retours de mes jeunes spectateurs, m'avait prié de ne pas récidiver. Je devais m'en tenir strictement à mon contrat. Et à la loi. Il n'y avait pas de dérogation possible.

Quelle mouche m'avait piqué. Un désir de la ramener, comme je regrette toujours après, il y eut un blanc dans la conversation à ce dîner, que je m'empressai de remplir avec ce qui me passait par la tête, les convives à l'unanimité m'avaient dénoncé par une lettre signée envoyée à la Préfecture générale. Y compris Fabien. La sphère privée dans laquelle ce malheureux incident s'était produit ne m'avait pas protégé.

Personne n'ose parler. Je remplis les vides terrifiants de ces silences que je ne supporte plus. J'ai besoin de bruit. J'avais lancé un peu bêtement : *Je ne supporte pas les bonnes femmes et leur rapport au pouvoir, je ne supporte vraiment pas de travailler pour les nanas, c'est toujours un cauchemar.*

J'étais un peu ivre. Il y eut un silence plus terrifiant que les autres. Bref, c'était vraiment stupide de ma part, je pensais faire rire, mais on m'avait pris au sérieux. Les femmes ne s'étaient pas libérées pour que leur révolution soit ainsi ternie par le premier petit macho venu. L'ambiance conviviale et légère se figea dans la glace. Les femmes me regardèrent avec horreur. Là tu pousses un peu loin, Alain Conlang, décréta Philippine, la maîtresse de maison, une fille qui avait fait Sciences po et qui avait insisté pour que je vienne, ses gamins appréciaient mes chroniques. Elle était directrice de cabinet au ministère de la Responsabilité Carbone, personne n'osait refuser ses invitations. Même pas moi.

Tu es gerbant, me lança une autre. Ta chronique sur la mixité des prisons, c'était de la merde ! Les hommes ne pipaient mot, paralysés par mon inconscience. Fabien évitait mon regard, ce qui me fit beaucoup de peine et je compris à sa tête baissée que je m'étais mis dans de sales draps. J'allais écoper d'un procès, c'était certain, les mecs étaient désolés pour moi, ces mâles honorables n'étaient aucunement mes complices dans cet horrible crime.

Ma vie venait de basculer.

Sabine, la militante professionnelle qui portait le poids du monde sur ses frêles épaules et qui passait souvent sur la première chaîne pour témoigner de tout et de rien – elle touchait des cachets pour ses interventions médiatiques toujours réussies –, se leva, rageuse, et vociféra qu'elle allait déposer plainte contre moi. Elle somma les autres invités de la suivre, ce qu'ils n'osèrent refuser, évidemment. Sabine était assez jolie mais elle ne cherchait pas à séduire, son plan de carrière s'était bâti autour d'un viol affreux qu'elle avait subi à l'adolescence et qu'elle ne parvenait pas à oublier, mais je n'en étais pas responsable moi de ce viol, on n'était même pas dans le même lycée ni la même ville, elle parvenait à nous faire sentir coupables, les hommes étaient tous des salauds, à notre charge de prouver le contraire, elle me fatiguait et pourquoi avais-je accepté ce dîner sachant qu'elle faisait partie du plan de table. Lila, son mari, ou sa femme, personne n'a jamais vraiment osé demander, me lança un verre d'eau au visage. J'avais réagi d'un rire bête d'adolescent, celui qui me poursuit et dont je ne parviens pas à me débarrasser. Ce couple de rageux ne tolérait aucun écart susceptible de menacer l'excellence de leur mapping. Leurs jumeaux étaient élevés dans le respect absolu des dogmes agenres. À leur majorité, les gamins choisiraient leur sexe, s'ils le désiraient. Sabine et Lila nous avaient bassinés toute la soirée avec leurs principes éducatifs exemplaires. Les photos des jumeaux triomphants lors de leur compétition sur le respect de la biodiversité parisienne m'ennuyaient, les enfants bien élevés ne m'ont jamais intéressé. Sabine avait été nommée commissaire du contrôle carbone de son quartier. Nous devions aussi nous réjouir. Elle en tirait une immense fierté. Elle s'acharnait à remercier lourdement notre hôtesse qui était intervenue en faveur de cette candidature citoyenne.

Je plaignais ses voisins qui, dorénavant, devraient lui lécher le cul pour obtenir sa signature sur leur demande d'autorisation de prendre l'avion auprès des ministères concernés.

C'était comme si j'avais craché d'un balcon sur des passants innocents, comme si j'avais donné une gifle à un inconnu dans le métro, sans raison, juste une envie de se sentir vivant, méchant, une envie de petite destruction sans conséquence, de se tester soi-même, son environnement, pour le plaisir de dépasser la limite autorisée. J'ai toujours été un mec irresponsable, l'exemple à ne pas suivre. Toi, Alain Conlang, on n'arrive jamais trop à te définir, de quel bord es-tu vraiment ? Le flou de mes contours m'a éloigné des autres. Et je m'en fous.

Le téléphone sonne. Ma mère est sous le choc. Elle a reçu une notification à mon sujet. Je l'ai déclarée à la Préfecture comme référente, à appeler en cas d'urgence.

La mère du délinquant Alain Conlang est une femme prodigieuse, mon contraire. Divorcée, elle réussit en tout, comme mon frère Benjamin, une première de la classe, aujourd'hui elle dirige une société semi-publique, un truc avec des cheminots toujours en colère qu'elle sait mater avec douceur, une société ferroviaire nouvelle et privée mais qui ressemble à une organisation d'État, je n'ai jamais trop compris la définition. Tu aurais dû faire une grande école, comme ton frère, comme moi, je t'ai trop gâté, je me sentais trop coupable de ce divorce, ton père n'a jamais pensé qu'à sa jolie gueule, mais pourquoi tu me fais ça, je suis une présidente en vue et en vie, on prendra les meilleurs avocats.

Évidemment, je n'ai pas le temps de répondre puisqu'elle a déjà raccroché. Elle doit s'occuper d'un transport de marchandises par des locomotives géantes qui traînent une centaine de wagons, c'est à qui pourra transporter la plus énorme charge du bout des doigts.

Mon père vit dans le Sud de la France où il répare de vieux réfrigérateurs et aspirateurs sans sacs pour une association qui récupère et recycle, on ne fait pas mieux en matière d'humanisme moderne. Il ne m'appellera pas, évidemment. Le recyclage est devenu ses travaux forcés, sa nouvelle religion, il a parfaitement réussi son séminaire de réintégration. Nous n'avons plus de souci à nous faire à son sujet.

Ma mère sortait de ses grandes écoles, lui de ses boîtes de nuit. Papa était mannequin, très beau, très bête, sa seule intelligence était d'avoir mis de l'argent de côté en suivant les conseils de ma mère déjà experte en finances et tellement folle de son bellâtre. Ils se sont mariés, Benjamin est né, puis j'ai suivi, on disait de mes parents que c'était un drôle de couple, personne ne comprenait leur histoire d'amour. Puis il s'est mis à vieillir, sa beauté s'est fanée, un classique. Il a commencé à poser pour des publicités ciblées séniors, devenant portemanteau pour robes de chambre si chaudes en hiver ou couches urinaires ultra-absorbantes, il avait à peine trente ans. Lassé et ne gagnant plus rien, il est sorti de ce circuit pour entrer dans un autre, sa passion, c'était les voitures. Il en achetait, les retapait, les revendait, en parlait des heures la larme à l'œil, ma mère devint jalouse de ces carrosseries lisses et plus sexy qu'elle. Puis la loi est passée pour interdire tous les véhicules à essence ou diesel. Le moteur thermique était définitivement éteint. Mon père amoureux de sa Porsche et de sa Mercedes de collection devint fou. Il ne pouvait plus promener "ses beautés", comme il disait. "Les mecs, les balades à la campagne avec papa, c'est fini."

Sa colère ne le quitta plus, il se mit à pisser devant les permanences des députés de la capitale, à insulter les passants, atomiser les panneaux d'expression citoyenne. Il errait dans les rues en pyjama, n'avait plus de logique, plus de tête, nous en avions honte, nous nous cachions, il était comme un lion libéré et déchaîné contre tous, il arrachait les téléphones des passants et les balançait dans les égouts avant que les propriétaires affolés ne puissent les rattraper. La loi interdisait de se séparer de son téléphone. Ces petits drames urbains lui ont coûté sa liberté par une mise à l'écart définitive, comme ses moteurs à explosion bien-aimés. Ma mère exigea le divorce. Un juge enferma papa dans un établissement public de réintégration. On lui enseigna l'écologie, les malheurs dus au réchauffement climatique et le respect de la Terre. Papa leur hurlait que l'écologie était le nouveau communisme. Mais personne ne comprenait. Ces nouvelles générations étaient nées bien après Staline et ses camps, la mémoire n'était pas leur priorité, mis à part Sam, l'amour de ma vie, elle n'a jamais peur de fouiller les greniers du passé. L'intérêt collectif écrasant l'individu pollueur et irresponsable s'imposait comme une évidence, un devoir sacré, un réflexe de survie. Mon père aimait parler aux vieillards, il avait dû retenir cette drôle de formule et la ressortait en boucle, il n'était pas très intelligent.

Le programme citoyen lui réussit spectaculairement, mon père était bonne pâte et absorbait tout et n'importe quoi assez facilement, c'était un mannequin après tout, comme il avait gardé des restes de beauté et un regard empreint d'innocence et de naïveté très masculine qui faisait chavirer les cœurs à coup sûr, on lui permit de réintégrer la vie sociale, mais loin de Paris, de sa femme et de ses fils qu'il avait oubliés tant les séminaires au sujet des bienfaits du recyclage avaient été efficaces. Seul persistait dans ses rêves un bourdonnement de moteurs qui hantait ses oreilles. C'était un dérèglement mineur de ses nuits.

L'association de protection de la Terre qui s'occupe de sa santé mentale le qualifie d'élément remarquable, responsable et socialement équitable. Ma mère reçoit des nouvelles de temps en temps du ministère. Elle n'aime pas en parler. Je ne lui pose plus de questions. Je crois qu'elle envoie régulièrement de l'argent pour son confort via les autorités, papa n'a plus droit à son compte bancaire. Elle se sent un peu coupable de son enfermement. Mais au moins ses garçons sont à l'abri de cette folie et de sa bêtise qui l'effraient.

Fabien m'appelle à son tour. Il ne m'a pas parlé depuis le dîner. Il a signé la plainte contre moi avec les autres convives. J'en suis malade. Il souhaite sans doute se justifier. Comme d'habitude, il va radoter et se plaindre de sa pauvre vie, je ne m'irrite jamais de ses jérémiades, nos conversations sont rarement surprenantes. Il ne se remet toujours pas d'avoir quitté son jeune tortionnaire. Il l'avait rencontré dans un bar, c'était si romantique, ce jeune menuisier ciblait les vieux pédés esseulés, parisiens de préférence, Fabien aimait ses mains et le timbre délicat de sa voix, son côté provincial.

Il n'en peut plus de sa solitude, de courir après le sexe et l'amour et la jeunesse. L'homosexualité est une impasse, passé quarante ans. Tout est fini, tu mendies le désir de l'autre, il faut renoncer à tout. Les années homosexuelles sont plus courtes. Cette jeunesse brûle tout sur son passage. Je l'interromps.

— Pourquoi m'appelais-tu ?

Il s'effondre un peu plus :

— … je n'avais pas le choix, je devais signer cette déclaration avec les autres. Tu comprends, j'ai un travail, une réputation, c'est moi qui t'ai fait entrer à la chaîne, tout le monde m'en veut, pourtant tes chroniques sont appréciées, je le sais, on me le dit, tes chiffres sont excellents et les désabonnements chutent dès que tu apparais à l'écran. Mais tu vas toujours trop loin.

Sam m'appelle.

— Je t'ai perdu, dit-elle d'une manière définitive.

On s'est rencontrés dans le métro, elle était assise en face de moi. Elle venait de fracasser nerveusement son smartphone par terre. Je l'ai considérée un brin amusé, cette génération de jeunes adultes était hystérique, avec des gestes irraisonnés qu'ils avaient appris de la télé ou de l'internet, c'était cool de fracasser son smartphone aux yeux de tous. C'était interdit. On risquait une forte dégradation de son mapping, une belle amende et un avertissement. “Je ne le supporte plus, me dit-elle d'une voix douce et désolée. Je suis folle. Et dire que c'est obligatoire d'en posséder un ! Merde ! Tout est obligatoire, c'est franchement pénible.”

Depuis on ne s'est plus quittés, Sam a abandonné sa chambre chez ses parents pour vivre chez moi. Nous n'étions pas passés par l'Algorithme, ce qui nous valut une petite dégradation de notre crédit citoyen, mais nous avions contribué à en brouiller les codes par notre amour. C'était notre réussite, notre fierté. À seize ans elle était officiellement majeure, il n'y avait même pas besoin de dérogation pour l'embrasser. J'avais trente ans et j'étais heureux.

Sam est fascinée par Louis XIV, Louis XVI Marie-Antoinette et toute la clique poudrée, mon amour travaille dans une maison de vieillards qui ont perdu la tête. Tous les jours, elle stimule le néant abyssal de leur mémoire en lambeaux. Je leur ai fait faire des dessins aujourd'hui, ils confondent les carrés et les triangles, c'est drôle, dit-elle en rentrant le soir. Elle me raconte ces horribles histoires liées à la dégénérescence du cerveau et je la supplie de reprendre ses études de dessin, travailler dans un tel contexte ne peut qu'être contagieux, j'ai peur que nous finissions comme eux. Son éclatante jeunesse m'agresse le regard quand la lumière est trop forte. Alors, je la supplie de me quitter et de choisir un mec de son âge. Avec toi, je ne m'ennuie jamais, se justifie-t-elle. J'aime les vieux, je n'y peux rien.

— Tu détestes les femmes ? chuchote-t-elle, en panique, comme si elle était soudain face à un inconnu dangereux.

— Mais non, tu sais bien que non. Et de toutes les façons, c'est interdit. Comment pourrais-je transgresser à ce point ? J'ai dû boire un coup de trop. J'avais des carnets d'alcool inutilisés, j'ai acheté plusieurs bouteilles, ils étaient tous aux anges. Je m'ennuyais, je n'en pouvais plus d'ennui.

— Je te laisse, j'ai une urgence.

Une urgence ? La mémoire d'un vieux s'est déchirée de manière inopinée ? Sam s'émerveille de ces pans de vie qui se pulvérisent ainsi sans prévenir, comme une falaise de glace qui s'écroule à cause du réchauffement, tu ne peux rien recoller, c'est fini. Elle aurait bien tenté un dernier raccommodage. En vain. Rien à faire. Le vieux avait tout perdu.

Le téléphone n'arrête pas de sonner. Je réponds même aux numéros masqués car je crains de rater une communication de la Préfecture ou du tribunal.

C'est Benjamin, mon grand frère.

Oui, son traitement avance, je devrais me réjouir, pourquoi je ne me réjouis pas. Bonne nouvelle, dis-je, merveilleux. Tu ne souffres pas trop ? Non, à part les bouffées de chaleur, je tolère le protocole très bien, ça ou du Nurofen. Il rit. Oui, son traitement. Car, il s'est trompé toute sa vie et il a décidé de changer de sexe. J'avais cru à une blague, mais mon frère, avec ses deux filles et son odieuse épouse, a choisi de devenir femme. C'est mon choix, j'en ai le droit. C'est la loi. Je soupire. Le changement de sexe est devenu plus facile qu'un changement d'adresse à la poste.

— Que va-t-on faire de toi ? Tu es incapable de t'adapter au changement. Tu es plein d'amertume. Tu pues le facho conservateur et libéral. L'humanité change, frérot. Tu suis ou tu dégages.

Je lui avoue que j'aurais aimé dégager, mais où ?

— Je connais quelqu'un au tribunal. Je vais essayer de faire annuler ce cauchemar. Comment veux-tu que je me présente devant les chirurgiens avec ton stupide dossier qui accable notre famille. Nous allons être la risée du Tout-Paris. Ils diront que c'est à cause de moi, je suis ton aîné, une mauvaise influence, je n'ai pas su te donner l'exemple, ils vont tout faire pour bloquer ma transition, quelle merde franchement.

— J'étais saoul. Je dérive quand je m'ennuie. Tu sais bien.
— Tu es irresponsable, comme d'habitude.

Mon regard vrille vers le sol. Je ne lui ressemblerai jamais.

Je ne sais pas si le Territoire islamique autonome de Marseille est comparable au Ghetto juif tant il est devenu une réussite magnifique, vecteur de paix et de prospérité.

Le législateur avait fait montre de naïveté en pensant que l'islam allait se taire face aux lois restrictives qui commençaient sérieusement à gonfler ces Français qui n'en pouvaient plus de devoir se justifier des fondamentaux de leur foi. L'interdiction pure et simple de la circoncision, l'interdiction de l'abattage rituel des animaux, la fin du hallal, les ventes de pétrole en chute libre, la stigmatisation injuste de l'essence et du plastique, la question du voile toujours pas résolue, une incompréhension totale et épuisante d'une partie de la population face à une religion de paix et d'amour, bref certains déséquilibrés qui se revendiquaient indûment de la Ligue arabe, pourtant modérée, d'autres se prétendant liés à l'Opep en faillite, avaient décidé de siffler la fin de la récréation.

Une vague d'attentats d'une extrême violence s'empara de la France, les grandes icônes écologiques et antispécistes furent éliminées dans l'effroi général, on ne comprenait plus rien, c'était l'humanisme le plus noble qui était agressé dans sa chair, on fit des marches blanches, on condamna avec la plus grande fermeté ces actes odieux, on alluma des milliers de bougies, on ouvrit les bras, on pleura sur ton épaule, mais la colère persista et la violence régna. La France sombra dans une profonde dépression, de fortes doses de Prozac et de Xanax furent distribuées gratuitement à la sortie des métros et des trains, mais ces molécules miraculeuses ne parvinrent pas à effacer la désolation.

Cette période terrible de notre histoire trouva sa résolution pacifique par une idée triviale et géniale qui eut le don de ramener la sérénité et la joie dans le pays, et ce de manière instantanée et pérenne. Après tout, la durabilité avait été élevée en valeur universelle.

Nos bons députés proposèrent d'offrir la ville de Toulon comme territoire autonome aux diverses ligues islamiques. On aurait transféré la base navale ailleurs, les sous-marins n'étaient pas très respectueux de la planète, ils effrayaient les poissons. L'islam français pourrait y instaurer librement l'expression de sa foi et le pétrole pourrait y couler à flots. On souhaitait absolument divorcer, il fallait un mur, une séparation, notre survie à tous en dépendait, la cité portuaire permettrait une ouverture vers l'extérieur tout en tournant le dos à la France.

La proposition fut considérée très insultante et pleine de mépris, les attentats redoublèrent.

On finit par donner Marseille. On sacrifia les calanques et le pastis, ce qui fut perçu comme un geste de respect et de bonne volonté. On construisit un mur baptisé "de la belle entente".

La France devint enfin une nation purement athée, sans le chichiteux article 1 de la Constitution. Pas de pratique religieuse, pas de Dieu, rien, point barre, c'était cela le principe de *la nouvelle laïcité*.

La prière était dorénavant limitée à l'enceinte du Ghetto ou dans le nouveau Territoire autonome. Cependant, on laissa tranquille l'Église, ses vénérables maisons datant du Moyen Âge étaient désertées depuis longtemps et appartenaient au décor, on ne souhaitait pas les transformer en salles d'expression citoyenne, comment les chauffer en hiver, avec quel argent ? Son culte millénaire n'avait pas tenu le choc face à la ferveur écologique, les nouvelles générations n'étaient pas prêtes à sacrifier leur sexualité pour la croix. La Planète était franchement plus permissive, il suffisait de ne pas faire d'enfants, ils n'étaient pas très bons pour l'empreinte carbone et le réchauffement. De toutes les façons, "l'amour de son prochain comme soi-même" était devenu une sorte de trivialité, qu'il faille le souligner par un dogme lourdingue faisait sourire. Quant aux évangélistes, on ne les prenait pas vraiment au sérieux, on ne savait pas trop quoi leur proposer, il suffisait qu'ils signent un certificat et qu'ils chantent *Jésus sauve-nous* au Zénith du coin, le préfet déclarerait la réunion sous la qualification "concert de rock". La présence des guitares électriques rassurerait les voisins et les puristes de la nouvelle Constitution.

Les Français musulmans ayant refusé de signer leur formulaire d'acceptation de la nouvelle laïcité furent invités à regagner de leur plein gré Marseille. Il y eut certes quelques frottements nationalistes ou humanistes, mais par la vertu du dialogue et de l'écoute, la paix redescendit sur la France d'une manière étonnante. La vénérable ville portuaire devint un miracle islamique gaulois, entre Dubaï, Doha et Singapour. Une réussite aux yeux de tous. Une charia dite *à la française* réglait leur compte aux voleurs et aux femmes adultères, avec respect, ouverture et sans stigmatiser. Au lieu de lapider ou de couper les mains, les accords historiques prévoyaient une égratignure à la lame sur le poignet ou une “lapidation factice” par jet de pierres en caoutchouc, ces humiliations devaient être infligées en public puis diffusées sur les réseaux sociaux. Ces petites hontes suffisaient à imiter la mort. On pouvait enfin se baigner en burkini dans ce coin de Méditerranée, il y avait des plages hommes et des plages femmes, c’était aussi prévu par les accords. Le grand prix de formule 1 de Monaco, interdit depuis longtemps, y fut transféré et on ressortit les vieux modèles Porsche ou Ferrari qui grondaient joyeusement en lâchant leurs vapeurs si nocives. Le Mans négociait aussi avec les autorités du Territoire un transfert, car les batteries de la voiture électrique de course ne tenaient toujours pas vingt-quatre heures d’affilée. Les Espagnols voulurent aussi y recréer leurs défuntes corridas, mais on les pria de parfaire leur dossier de candidature, on ne pouvait sacrifier un animal pour le plaisir des yeux et des sens, même dans le Territoire, même des porcs, fussent-ils sauvages. Les chasseurs aussi faisaient les yeux doux aux autorités musulmanes depuis l’interdiction totale de la chasse. Je crois que mon père n’a pas choisi l’option de la conversion à l’islam pour retrouver le plaisir de l’automobile, son cerveau purifié avait définitivement fait le deuil du moteur thermique. Sur la basilique Notre-Dame-de-la-Garde, on construisit un sarcophage identique à celui de Tchernobyl,

Bouygues avait accepté de dupliquer l'ouvrage en express, on libérerait la vénérable église à la fin du bail de quatre-vingt-dix-neuf ans accordé à l'islam. On avait le temps de voir venir.

On rogna la ligne TGV qui s'arrêtait dorénavant à Aix-en-Provence, terminus, tout le monde descend.

Mais ne rêvons pas. La pratique religieuse perdure dans la nouvelle République laïque, clandestinement et à voix basse, à cause des micros et des mouchards. On a appris à croire et à prier en silence.

Même si la plupart des juifs avaient déjà quitté l'Hexagone à cause de l'interdiction de la circoncision, on ne savait quoi faire des quelques rescapés, ils étaient une source de trouble pour une république qui n'aspirait plus qu'à la tranquillité et au recyclage vertueux, certains d'entre eux persistaient à croire en Dieu, en la France, à respecter le shabbat, à manger casher et tout le reste. Une nouvelle rumeur voulait aussi que les juifs aient conçu une machine à polluer qu'ils actionnaient la nuit pour asphyxier la population, surtout les enfants. L'État, en concertation avec les associations juives qui n'avaient pas encore baissé le rideau, avait décidé de rassembler tous les juifs de la grande région parisienne dans un périmètre ultra-sécurisé dessiné à la va-vite dans l'ancien 17e parisien afin d'y assurer leur protection plus facilement et de garantir aux Français de l'extérieur une vie sereine et sans histoires. Le "Ghetto de la Sérénité" fut pompeusement inauguré. Les gosses de maternelle ne s'y faisaient plus buter comme des lapins, et on n'y balançait pas les grands-mères par la fenêtre. La population non juive était émerveillée par la simplicité de la solution, elle se sentait soulagée, presque débarrassée, tous ces attentats et ces agressions avec leur lot de victimes innocentes finissaient par saper le moral de tout le monde, on se perdait en débats stériles, on pensait une chose et son contraire à leur sujet, c'était pénible. Mais pourquoi restaient-ils ?

La France avait enfin retrouvé la paix intérieure. Les musulmans dans le Sud, les juifs dans le 17e, la nouvelle laïcité triomphante, les ventes de la Bible ou du Coran soumises à une autorisation d'achat délivrée par la Préfecture, on pouvait enfin se reposer un peu et prendre l'apéro à coups de saucissons miraculeusement autorisés car le porc était symbole absolu de la nouvelle laïcité. Son abattage n'était pas soumis aux quotas, au grand dam des associations qui ne cessaient de décrier la corruption du ministère de la Parité animale.

D'autres communautés réclamèrent leur ghetto, leur mur, leur territoire réservé. Chinatown qui, lassée de la méfiance générale, rêvait de sa muraille parisienne. Les homosexuels masculins qui voulaient vivre entre eux, les lesbiennes qui ne voulaient pas de mecs à leur porte, qu'ils fussent homos ou hétéros, les fonctionnaires qui en avaient assez qu'on les insulte, les véganes incommodés par les effluves de viandes grillées clandestinement, les agriculteurs qui se sentaient injustement rejetés, ça partait un peu dans tous les sens et pourquoi les juifs, les Arabes et pas nous ? On ne s'en sortait plus.

Mon stagiaire Ruben m'appelle. A-t-il une idée pour la prochaine chronique ? Il a dix-huit ans et je ne peux pas m'en passer. Moi je suis à sec, j'ai perdu l'inspiration. Il m'a été alloué par l'État grâce au système de loterie. Un salarié, un stagiaire, c'est la règle obligatoire pour promouvoir la transmission et le travail pour tous. L'air dans les bureaux est devenu irrespirable, il y a trop de monde, trop de bureaux, trop de questions posées par cette jeunesse qui souhaite brûler toutes les étapes. Je suffoque, les open spaces ressemblent à des halls de gare bondés, il y fait toujours chaud, je devrais écrire une chronique sur la climatisation interdite, on ne trouve plus de fraîcheur. C'était comment la sensation d'un peu d'air frais sur le visage, je ne me souviens plus très bien.

Ruben est juif, j'ai eu de la chance, il aime déconner, ne se prend pas au sérieux, les juifs réussissent à toujours se moquer d'eux-mêmes et ils ont le sens de la dérision, un sens qui s'est perdu dans les méandres du mapping. Ils deviennent rares. On préfère les éviter, comme s'ils étaient contagieux ou dangereux, ils refusent obstinément d'idolâtrer la planète. J'aime les inconscients.

Ruben me dit souvent : Je vous kiffe, franchement, je vous kiffe. Comme si c'était un but dans la vie, *kiffer*.

Ses parents sont nouvellement orthodoxes, anciens militants tendance socialo-révoltés, émigrés en Israël pour fuir l'antisémitisme écolo-gaucho. Ils ne veulent plus entendre parler de la France et de ses causes perdues, ils nous ont trahis, ils nous ont sacrifiés, ils nous traitent de nazis, de pollueurs inhumains, on n'en peut plus, c'était sympa le socialisme, la patrie des droits de l'homme, le droit sacré de manifester, mais c'est mort. Les parents de Ruben ont fui en abandonnant leurs illusions sur le pavé parisien, sans jamais se retourner, préférant le soleil et la galère au mépris et à la méfiance éternels.

Ruben a décidé de ne pas les suivre, de rester en France, il refuse de signer sa déclaration. Il a obtenu son bac et souhaite se lancer dans l'écriture, sa passion. Les maisons d'édition sont en décroissance chronique, n'engagent plus grand monde, elles gèrent leurs vieux stocks de livres et leurs fictions qui peinent à inspirer, à émerveiller, tout le monde s'en fout, du produit de l'imagination, quoi de plus merveilleux que le concret et le résultat immédiat. Le jeune homme a choisi la télévision pour entreprendre son stage sans feindre une passion excessive pour le milieu audiovisuel qu'il juge "un peu concon".

Ruben se sent esseulé dans sa communauté, à peine une centaine de familles juives encore très attachées à la tour Eiffel. Je crois qu'il déteste le Ghetto, il n'en parle jamais, bien entendu. Il dort souvent dans les bureaux, passe sa vie devant son écran, ne sort pas. Il me donne des idées pour communiquer avec mes jeunes téléspectateurs qui ont en majorité son âge et qui ne sortent pas non plus. On vous kiffe, monsieur Conlang.

— Vous n'auriez pas pu vous taire ? me demande-t-il un peu hésitant.
— Apparemment non. J'avais besoin de m'exprimer à ce dîner parfaitement végane et dont l'empreinte carbone était minimale, la salade avait un goût de métal, c'était étrange, plus je mâchais, plus j'avais mal aux dents et aux gencives.

Le stagiaire respectueux paraît perplexe. J'ajoute pour détendre l'atmosphère :
— La chronique sur les pizzas sans gluten ni fromage ni sauce tomate a cartonné. La chaîne en redemande.

Nous soupirons tous les deux à l'unisson.
— Et une chronique anti-collabos ? s'exclame-t-il comme s'il avait découvert l'Amérique.
— Ça n'intéressera personne. Quand 99,9 % de la population se complaît dans la dénonciation, plus personne n'est collabo.
— L'Académie débat très sérieusement pour éliminer le mot "collabo" du dictionnaire. Trop clivant. Les vieux, préfèrent appeler ça : "participation positive". Moi, je n'ai pas d'amis parce que j'ai peur qu'ils me dénoncent ou m'évaluent. En même temps, le fait de ne pas avoir d'amis dégrade aussi mon mapping… Je rêve secrètement que des hackers le piratent, mais paraît-il qu'ils risqueraient une condamnation à vie. C'est vrai que c'est une

invention chinoise ? C'était quoi la Cnil ? Vous croyez vraiment que tout a basculé depuis les grands attentats ? Comment va votre mapping ? Vous n'avez vraiment pas reçu de notification ? me chuchote-t-il. (Il me postillonne à l'oreille tellement il parle vite.) Vous trouvez ça normal ? Que se passe-t-il ? Et si vous vous faisiez aussi pousser la barbe ? Ça ne fait pas ridicule, ma petite moustache ? Vous trouvez que ça pousse ? Votre mère est-elle au courant ? Elle va flipper sa race, non ?

L'impression qu'il me colle ses lèvres sous le nez. Je sens son odeur à travers le téléphone. Ruben sent le chewing-gum à la fraise. Il me pose toujours trop de questions. Pourquoi est-il si pressé de ressembler aux adultes ? Je ne sais quoi penser de son duvet, il n'est pas assez dense pour convaincre de sa maturité.

Elle m'a donné rendez-vous au café de Flore. J'aurais préféré un lieu plus discret, moins pollué de touristes à la recherche de Simone de Beauvoir et JPS. Quelques vieux rédacteurs en chef promènent leurs yeux tristes et déprimés sur les clients qui entrent, à l'affût d'un signe de reconnaissance, plus personne ne lit leurs quotidiens, l'impression papier est interdite, on se fait une opinion par soi-même, on veut une information qui aille dans mon sens et pas le tien.

Cette ambiance de faillite chronique me déplaît, je ne me suis jamais senti à l'aise dans ces temples à la gloire fanée. Je n'aime pas les musées, les lieux mythiques où il faut être passé une fois dans sa vie. Petit, quand ma mère m'emmenait au Flore pour déguster un chocolat chaud, je me demandais ce que je foutais là, les banquettes rouges me terrifiaient. Tu vois, c'est ici que tout a commencé, avait-elle coutume de dire sur un ton solennel et respectueux. Puis elle ajoutait, pour que je me sente vraiment bien : Je n'aurais jamais dû me marier et faire des gosses. J'avais peur de rester vieille fille. Il n'y a plus que les homosexuels qui se marient.

J'attends l'avocate que mon frère m'a recommandée. Je vois enfin débarquer une petite grosse à l'énergie mal contenue, on dirait qu'elle va tout casser sur son passage, rien ne doit lui résister. Je reconnais son visage, elle est passée plusieurs fois à la télévision pour exprimer son avis professionnel sur telle ou telle affaire ayant défrayé la chronique, bientôt la mienne. Il te faut une avocate star, ont décrété ma mère et mon frère, nous sommes tous dans la même galère, c'est notre nom qu'il va falloir défendre.

Un avocat qui ne passe pas à la télévision a raté sa carrière et sa vie. Je me sens rassuré à la vue de cette femme au visage familier.

Elle s'assied devant moi, essoufflée. C'est étrange, elle a les cheveux très longs alors que la majorité des femmes portent leurs cheveux courts afin de respecter les directives des ministères du Carbone et de l'Eau. L'entretien de cette abondante coiffure n'est pas très responsable vis-à-vis de la planète. L'avocate paie sans doute la taxe cheveux longs qui est si onéreuse et que tout le monde évite en se rasant le crâne. Les fabricants de perruques se cassent la tête pour trouver un remplacement aux vrais cheveux (interdits car importés d'Inde) ou au nylon synthétique (dérivé du pétrole donc interdit). Ils ont tenté les fibres de coton mêlées au lin recyclé, les résultats ne sont pas encore concluants. Trop équestre. Les antiquaires ont été dévalisés depuis la publication des directives, les femmes se jetant même sur les perruques dévorées par les mites. Beaucoup de chapeaux, beaucoup de foulards sont utilisés pour se différencier des copines, mais pas trop, on ne souhaite surtout pas ressembler aux femmes du Territoire autonome de Marseille.

— Désolée, je suis en retard. Une affaire d'enfant m'a retenue, j'ai horreur de ce genre de dossier.

Elle se commande une boisson à bulles, dans laquelle elle ajoute un sirop qu'elle sort de son sac.

— Je crains que le ministère de la Santé ne m'impose l'anneau gastrique. Mon diététicien m'a composé cette formule qui paraît-il est infaillible contre l'obésité.

Sa voix est grave et rocailleuse, ce qui est surprenant, on dirait qu'elle fume alors que fumer est strictement interdit.

— Vous fumez, je risque timidement.

— Pas du tout ! se défend-elle, comme si tout le café de Flore était à l'écoute. Qu'est-ce qui vous fait dire ça ?

— Rien, la tonalité de votre voix.

— Vous ne supportez pas le timbre grave chez une femme, alors vous allez vous imaginer des tas de fictions. Vous savez bien que fumer est strictement interdit. Je respecte la loi. C'est un peu mon métier, se justifie-t-elle dans une quinte de toux grasse. Je vais commencer à croire ce qu'on dit de vous.

Les petites filles parlent toutes de la gorge, comme les garçons. Leurs voix se mêlent et se confondent. L'aigu me manque, un peu comme l'air frais en automne, un peu comme les premiers flocons de l'hiver, on n'a jamais vraiment réussi à retrouver les saisons perdues de mon enfance. Où se cachent les aigus fragiles dont on a si honte ?

— Il faut vivre avec son époque, monsieur Conlang, les petites filles ne pleurnichent plus et nous devons nous en réjouir.

L'avocate se commande à nouveau une eau gazeuse et y vide un autre sachet de concentré anti-graisse.

— Je suis si heureuse pour votre frère, enfin votre sœur… J'envie tellement son sens absolu du bonheur.

Son téléphone sonne. Elle sort de son sac une oreillette géante qui fait office de combiné à l'ancienne.

— C'est un cadeau de ma tante, précise-t-elle, à trimballer, c'est un peu casse-pieds, mais j'entends bien. Allô ? Allô ?

S'ensuit un chapelet de Oui, oui, oui sur des tons différents. Agacée, elle raccroche.

— À nous. Je vous écoute.

— C'est une erreur, je me suis laissé emporter, j'étais saoul. Mes propos ne correspondent pas du tout à ma pensée. En plus je n'ai jamais vraiment eu de supérieurs hiérarchiques féminins… Enfin, mis à part ma mère.

Elle ne me trouve pas drôle. Moi non plus. Cette foutue peur du silence qui conduit à le remplir de n'importe quoi.

— Qu'est-ce que je risque ?

— Vous connaissez comme tout le monde la grille des peines et délits ! Ils viennent de la mettre à jour. Vous êtes une personnalité médiatique. Les juges voudront faire un exemple.

La nausée me gagne.

— Vous êtes tout pâle, dit-elle.

— Vous allez pouvoir me sortir de ce cauchemar ?

— Vous exagérez, sourit-elle, le cauchemar n'a pas encore commencé. Pour l'instant, et bien que je n'y croie pas trop, je vous demande de rencontrer chaque convive pour les persuader un à un de retirer sa plainte. Mais franchement, ça n'arrive jamais. C'est un peu comme une réunion de copropriétaires, quand il y a unanimité, vous pouvez dire adieu à votre partie commune rognée pour faire une chambre pour bébé. Je connais le sujet par cœur.

Elle bondit et file vers la sortie où un taxi l'attend. Je me sens perdu et encore plus merdique qu'hier. Elle a un gros cul. Comment réussit-elle à le rendre si léger ? Mais pourquoi je critique son obésité. Je ne sais plus penser correctement. Son poids ne l'empêchera pas de réussir. Je dois me taire.

Je ne me sens pas bien, je dois te voir, je ne me souviens plus qui était à ce foutu dîner, il me faut une liste, j'ai perdu la mémoire.

Fabien me donne rendez-vous dans le bar gay qu'il affectionne depuis toujours. Un endroit qui le tranquillise et l'apaise, qui semble imperméable au changement et au temps, mis à part l'espace enfants aménagé dans l'arrière-salle, les clients ont su s'organiser pour toujours maintenir l'esprit de la fête ainsi transmis à leur joyeuse progéniture.

Je décide d'y aller à pied. Paris n'a pas changé depuis ma morne adolescence, sinon la disparition des voitures à usage privé. Je n'aime plus prendre le métro car il est toujours bondé et crasseux, on dirait que le législateur a complètement ignoré notre vie en sous-sol, trop débordé à organiser la vie d'en haut. Seuls les taxis électriques sont autorisés par la mairie. Les vélos ont envahi la chaussée ainsi que les engins électriques les plus étranges. Le brouhaha de mon enfance a laissé place à un silence désarmant. Il était question, mais je ne sais pas si c'est encore à l'ordre du jour, que la mairie installe des haut-parleurs pour diffuser une bande-son qui rappellerait les villes d'antan.

À vrai dire, on a un peu oublié à quoi ressemble une métropole à l'ancienne, polluée et irrespirable. L'homme sait s'adapter, la nostalgie du passé est un sentiment de vieillards qui écœure tout le monde. On avait mal aux oreilles et aux poumons et nos éclats de rire puaient l'inconscience. On avait souvent mal à la tête et on crachait du goudron noir. On a enfin le teint rose et le sourire satisfait. Rien ne viendra plus détruire cette propreté conquise à coups de révolutions et de lois.

Mes jambes ne me portent plus, je termine le trajet à vélo électrique, il y en a des milliers dans tous les sens, la vision des voitures me manque vraiment, je n'ose l'avouer mais, comme papa, les carrosseries me font rêver, la musique des moteurs, l'isolement réparateur derrière un volant, seul et sans partage obligatoire. Les mécaniciens et carrossiers ont totalement disparu du paysage professionnel et seuls quelques adeptes inconscients et suicidaires s'accrochent encore aux plaisirs de la tôle et de l'huile de moteur. Il faut se cacher, la nuit, pour passer un chiffon à cirer sur sa vieille Alfa Roméo qu'il est strictement interdit de faire démarrer. D'ailleurs on ne trouve plus d'essence, l'industrie du pétrole est défunte et c'est bien fait pour elle – de l'avis de tous. La température sur Terre a cessé de monter, nous sommes sauvés. L'industrie automobile est dans un état de dépression avancée, honnie, méprisée, un peu comme l'alcool ou la cigarette d'antan, elle ne trouve aucun sens à son existence, mais il faut encore livrer du lait en centre-ville et vider les trottoirs de ces poubelles qu'on n'a pas réussi à éradiquer complètement, l'homme trouvant une certaine jouissance à balancer sa merde sans forcément souhaiter la recycler.

Je croise un groupe de jeunes gens magnifiques qui chantent leur joie. La loi interdisant la construction de cuisines et de salles de bains privées dans tous les appartements neufs vient de passer. Comme leurs parents, comme nos vaillants députés trentenaires, ces jeunes n'ont connu que la colocation. Ils ont toujours partagé leurs dépendances. Les nouveaux immeubles auront donc en sous-sol des salles de bains, des WC et des cuisines communes, chaque citoyen est encouragé à éduquer avec amabilité mais responsabilité son voisin en cas d'attitude non appropriée à la vérité écologique. Il paraît qu'ils feront bientôt passer la loi interdisant les appartements de plus de cinquante mètres carrés, il faut répartir équitablement les surfaces habitables autorisées. Le prix de l'ancien va encore augmenter.

On est assis aux Marronniers, la rue a depuis longtemps été transformée en voie piétonne.

— Ça me fait flipper, ce silence, on se croirait dans un jeu vidéo peuplé de zombies bien-pensants, qui s'excusent avant de dévorer leur proie vivante, dis-je sur le ton de la plaisanterie. Tu te souviens quand nous passions notre temps à jouer à Zelda. Ton père voulait fracasser ta Wii.

— On mettait le son à fond, se souvient Fabien. Ça me manque, le bruit. Les rues sont libérées des pollueurs ! clame-t-il soudainement, faussement joyeux.

L'automobile enfin brisée, la pollution maîtrisée, le bonheur par la loi, l'espace public libéré est rendu au citoyen. Fabien craint les micros enregistreurs qui envahissent notre quotidien. Il y a dix micros par habitant. Autant le législateur a su maîtriser l'usage des caméras pour assurer l'équitabilité du vivre ensemble, autant il s'est laissé déborder par la facilité avec laquelle on opère des enregistrements sonores qui ont tous valeur juridique, je suis bien placé pour le savoir. L'enregistrement est devenu plus dangereux qu'un regard insistant ou mal placé.

Je souris car mon pote de lycée n'a pas perdu son côté stand-up qui rejaillit de temps en temps. Il a étudié la comédie mais a vite décidé que sa carrière d'acteur n'annonçait rien de concluant à l'aune de son obsession du confort et de son goût du pouvoir, de l'argent. J'ai déjà mon homosexualité à me trimballer, m'avait-il avoué épuisé, être acteur de surcroît, c'est trop pour mes frêles épaules. Fabien n'a jamais été à l'aise avec sa sexualité. Son aversion des femmes ou simplement de leur corps, il ne sait toujours pas, l'a enfermé dans une communauté qu'il n'apprécie guère et qu'il malmène tant il s'y sent malheureux, voire étranger. Heureusement, dit-il, grâce à mon statut de producteur reconnu, je trouve toujours un bel imbécile que ma fonction fait rêver et qui sera prêt à m'aimer sans condition.

Du point de vue physique, la nature ne l'a pas vraiment gâté, il s'en sort comme il peut. L'affirmation de la beauté pour tous n'a pas prise sur lui. Même si les moches se prennent aussi pour des starlettes, lui n'y parvient pas. Sa lucidité l'emporte.

Près de nous, un homme à casquette semble prendre des notes. Fabien panique. Deux jeunes adolescents nous dévisagent et pointent leurs pouces vers le bas en guise de désapprobation. Ils m'ont sans doute reconnu. Fabien se lève pour partir.

— Ils écoutent notre conversation. Je t'ai griffonné la liste sur du papier, j'en ai acheté une vieille ramette chez un brocanteur. Ne la laisse pas traîner. Je ne suis plus censé communiquer avec toi.

Il me fait la bise.

— Je dois aussi t'avertir, on risque de déprogrammer tes chroniques, les associations féminines mettent la pression, on craint des manifs devant les studios.

“Salut les potos. Je sais. Seules les matières recyclées sont autorisées pour fabriquer du tissu. Moi je trouve que les fringues ont une apparence usée, portée, jamais neuve. Je me sens sale, quoi. J’ai toujours l’impression de sentir mauvais. Pas propre. Pas net. Toutes ces fibres ont été portées par des milliers de personnes. Ça me fout la gerbe, leurs traces sur ma peau. Je n’aime pas qu’on me touche. Je n’aime pas l’odeur des autres. Ça me gratte. Je t’assure, ça me gratte. Je souhaite payer une surtaxe pour du pur cachemire, de la soie, du coton et du lin fraîchement tissés. À quand les prochaines récoltes autorisées ? Les potos, j’étouffe à cause de toutes ces vies sur moi qui étouffent ma peau de leur mémoire, de leurs histoires, de leurs fluides, de leurs rhumes, de leurs larmes qui imprègnent encore ces vieux vêtements que l’on a passés à la broyeuse ou à la lessiveuse. Rien ne s’oublie. Tout se recycle, y compris nos fautes ou nos erreurs. Je n’en peux plus de me gratter jusqu’au sang. De ma peau qui saigne, tout le monde s’en fout ! Je suis Alain Conlang et je me demande cet après-midi devant vous, mes potos d’amour, c’est comment l'odeur du neuf ? Si quelqu'un sait, qu'il vienne me décrotter les narines !"

Chronique du 20 mars 2031. Gros succès auprès des gamins. Aucun avertissement de la commission ou de la chaîne toujours très satisfaite des chiffres. Je suis passé à travers. Écrite en collaboration avec Ruben Cohen qui en a eu l'idée originale. L'odeur du neuf, j'en ai un vague souvenir. Lui n'a pas connu.

Ma mère est affolée, à travers sa grille, elle me regarde avec un mégamix de désolation, d'angoisse et de perplexité, elle semble ne plus me connaître, me fuir, se protéger, d'où sors-tu ? Elle porte une burqa, c'est la journée annuelle de la "belle entente" célébrant le mur et la séparation. Mom adore se déguiser. Depuis la création du Territoire islamique autonome de Marseille, elle s'est mis en tête de rouvrir l'ancienne ligne TGV qui reliait Marseille à Paris. Peine perdue, les accords ont été signés, et l'autonomie n'est pas compatible avec la nouvelle République laïque. Mais maman est têtue. Cette journée, c'est un peu n'importe quoi. D'ailleurs très peu de citoyens la suivent. Ça saoule tout le monde, un peu comme un mauvais souvenir qu'on préfère enfouir dans un recoin de la mémoire. La journée a juste le mérite de pacifier la population du Territoire qui se sentirait soudain à l'étroit dans le Sud et aurait des exigences expansionnistes.

— C'était juste une phrase un peu bête. On a tous droit à la bêtise, non ? dis-je en toussotant.

Je n'ose lui faire remarquer le ridicule de son accoutrement. Ils ont toujours aimé se déguiser, dans ma famille. Plus c'est grotesque, plus on rit, plus on aime. Moi, ça me met mal à l'aise. Je peux faire le pitre en restant moi-même. Le maître d'hôtel a hésité avant de nous accepter. Mais nous sommes tous les deux des célébrités. Il a sans doute eu peur de dégrader son mapping.

Maman a réservé une table chez Henri, un restaurant de viande. Je ne sais pas ce qu'il lui a pris. J'avais besoin de protéines, a-t-elle prétexté. On aime la viande dans la famille. Elle aurait pu éviter le plan burqa qui vient inutilement compliquer la situation.

L'entrée de Chez Henri est protégée par des vigiles, comme tous les restaurants qui affichent encore à leur menu des steaks ou du poulet.

Nous nous faufilons à travers les rangées de militants qui scandent des slogans pro-véganes, antispécistes, en faveur des animaux, d'autres anti-hallals, anti-cashers. Ils ne comprennent pas ce qu'elle fout ici avec sa burqa, la viande qui n'est pas abattue rituellement devrait lui être interdite. Est-ce une touriste ? Les manifestants crient et refusent de reconnaître la grandeur de l'homme, ils préfèrent nous rabaisser au niveau de la bête, notre égale. Je n'ai pas encore fait de chroniques à leur sujet. Je ne les trouve pas drôles. Ils ne m'inspirent pas. Ils sont en colère et ne lâchent rien. Certains clients font demi-tour, abandonnent l'idée d'une bonne viande saignante. L'un des militants insulte ma mère, Tout cela, c'est votre faute, puis il se ravise à cause des micros, me regarde, la mère Conlang, lui présente ses excuses, Je ne souhaitais pas vous stigmatiser. Il n'y comprend rien, n'y a-t-il pas une parfaite étanchéité entre le Territoire autonome et la France laïque ? Le tourisme islamique est-il à nouveau autorisé ? Conlang est-il devenu musulman ? Toutes ces nouvelles lois, madame, pardonnez-moi, je n'arrive plus à suivre, vous êtes la bienvenue chez nous, enfin chez vous, je...

Chez Henri est fréquenté par un nombre important de vieux députés et leurs cliques. Une nouvelle loi plus restrictive au sujet de la consommation de viande, protégeant l'intégrité et le droit des bœufs, des moutons et des poulets en souffrance n'est pas près de passer. La consommation dans la sphère privée est certes fortement régulée, officiellement pour des raisons de santé, mais le législateur gourmand et carnivore s'est bien gardé de restreindre la consommation dans les restaurants. Il a juste posé la condition que ces établissements soient tenus par un chef accrédité en Préfecture et que celui-ci s'engage à soutenir la préservation des terroirs et des cultures locales.

Maman se dégage le visage. J'étouffe, c'est insupportable tout ce tissu, vraiment pas très respectueux de la planète, crie-t-elle pour se justifier. Puis elle me dévisage. Je baisse la tête, je préférais quand sa grille en toile lui barrait les yeux. Le voile a du bon pour un fils qui n'a pas envie d'affronter le regard de sa mère.

J'ai l'impression qu'elle va me gifler, elle me fait peur, toujours elle m'a fait peur. On dirait qu'il y a une lutte permanente entre la mère, la femme, l'héroïne, la maîtresse frustrée, tu m'empêches de vivre, tu me compliques tout, toujours, même ton accouchement a été une torture. Ton frère est si simple à côté, c'est un réel plaisir, mais toi, toi, tu m'empêches de respirer, d'être celle que j'ai toujours rêvé d'être, tu as abîmé mon si beau ventre, il était si plat, parfait, sans un pli, tu es mon grain de sable. Tu es né, et tout est parti en vrille.

Le jeune serveur me tend la carte avant maman, les marques de différenciation entre les sexes sont interdites depuis des lustres, mais je suis gêné qu'il la fasse passer après moi, je vais sans doute en payer le prix.

— Je vous kiffe, me dit-il, j'adore vos chroniques, qu'est-ce que vous me faites marrer.

Mom pince les lèvres, on dirait qu'elle est jalouse. Elle fourre la burqa dans son grand cabas. Elle soupire, on verra pour la ligne TGV au dessert.

— Je te présente ma mère, dis-je au serveur. Tout ça, c'est grâce à elle.

Le petit con la félicite, prend notre commande et disparaît, le sourire aux lèvres.

— Tu rends ces imbéciles heureux, je ne comprends vraiment pas, dit-elle.

Elle me dévisage.

— Tu as une sale tête, tu as pleuré ? Tout va bien ? Tu as fait une prise de sang récemment ?

— Non, c'est ce parfum de viande, ça me rappelle des tas de souvenirs d'enfance, quand papa nous emmenait au salon de l'agriculture Porte de Versailles. Il ne trouvait jamais de place pour se garer. Il n'utilisait pas le parking car il aimait tourner des heures dans la voiture jusqu'à ce qu'un emplacement se libère. J'avais toujours mal au ventre, ça l'excédait.

— Toutes ces bêtes enfermées comme des esclaves, c'était ignoble. Cesse de pleurer ce monde qui change et tes souvenirs d'enfance totalement obsolètes, chéri. Regarde devant toi. Les yeux sont devant, sur ta face au-dessus du nez, pas derrière la tête !

Ma mère a suivi beaucoup de séances de coaching avec divers gourous dont elle se lasse rapidement. Elle me lance un regard assassin. Je n'en peux plus de ta nostalgie, mon garçon.

Pour changer de sujet, elle me demande où j'en suis, si l'avocate a avancé, si je compte assister aux festivités organisées par mon frère pour consacrer sa nouvelle vie, son changement de genre. Célébrer sa renaissance, sa transition, un peu comme on fête une bar-mitsvah ou une communion, pour signifier le passage à l'âge adulte, recevoir des cadeaux, faire un album photo, partager sa joie. Benjamin a choisi de passer de l'autre côté, là où il est certain de trouver le bonheur et l'harmonie, la paix intérieure. As-tu choisi un costume pour la Transition de ton frère ? Non, pas encore ? Évidemment, à la dernière minute, c'est tout toi ! Nous irons le choisir ensemble, je connais un vieux tailleur qui a un stock de tissus neufs jamais portés. On paiera le prix.

— Tu crois vraiment que l'univers a besoin d'une femme supplémentaire ?

— Tu ne respectes rien, chuchote-t-elle.

Tu n'es vraiment pas drôle, a-t-elle envie d'ajouter. Je l'entends à peine. Elle craint les micros qui truffent le restaurant.

— C'est formidable ce qui arrive à notre famille, dit-elle à haute voix. Sa transition me rapproche encore un peu plus de ton frère.

— Tu n'as jamais voulu de fille, tu étais si fière de tes garçons, et c'est Benjamin qui te trahit aujourd'hui.

— C'est faux. J'aurais accepté une fille tout autant. La décision de ton grand frère est merveilleuse. Je n'ai jamais contesté aucun de vos choix.

J'aime la déstabiliser. J'aime rendre son regard confus, alors elle ne maîtrise plus rien. C'est peut-être ça le but de ma vie, libérer maman de son carcan, l'égarer, l'autoriser à se perdre, à ne plus retrouver son chemin pour ne jamais revenir à elle.

Les plats arrivent. Le serveur me tend un téléphone pour que je lui signe un autographe.

— Je te kiffe tellement, répète-t-il.

On se prend en photo.

— T'es un warrior, me lance-t-il.

Ma mère hausse les épaules. Moi un combattant ? Quelle blague.

Elle a commandé un magnifique faux-filet accompagné de haricots verts pour sa ligne. Moi, j'ai choisi un steak frites sur lequel je vais me jeter, son parfum délicieux enivre mes sens.

Je fouille dans mes poches, en sors un carnet vide.

— Mince, mon carnet est vide !

Je pâlis, défaille, mon steak va m'être retiré.

— C'est malin ! dit-elle. De toutes les façons, tu manges trop de viande.

— Il ne t'en reste pas un, maman ?

— Si, mais je les garde pour mes déjeuners d'affaires. Tu es assommant, fait-elle. Ce n'est pas compliqué pourtant. (Sa phrase favorite.) Je ne vais pas non plus gérer tes carnets de viandes et d'alcool !

Le serveur nous dit : Pour toi, ça sera sans ticket. Le vôtre suffira, madame. La mère de Conlang ! Je n'en reviens pas. Je me démerderai avec la caisse et le contrôle. Je te kiffe.

Maman lui offre un magnifique sourire de reconnaissance.

— Je ne comprends rien à ta célébrité, me dit-elle.

— Moi non plus.

Ma mère s'est toujours trouvée moche. Une grande bringue qui me dépasse d'une tête, ce qui ne manque pas de piquant. Benjamin est aussi grand que mes parents, il sera une belle femme. Moi je suis plus petit que tout le monde, en dessous de tout. Mais d'où sors-tu, ai-je entendu toute mon enfance. Épuisé, à l'adolescence j'avais exigé un test ADN qui n'a fait que confirmer le pire : j'étais bien le fils de mes parents. Mais les "d'où sors-tu" ont cessé. Ça reste implacable, la génétique.

Un militant végane balance une poche de sang qui explose sur la vitrine. C'est désagréable car la vue du sang même reconstitué est quand même choquante, je ne peux m'empêcher de reconsidérer ma viande avec dégoût. Ma mère soupire, excédée. On va mal digérer.

Le déjeuner est ponctué de questions auxquelles j'essaie de répondre avec précision, maman déteste le flou, c'est depuis qu'elle s'est fait opérer de la myopie. Elle plante son regard conquérant dans le mien et ne lâche pas l'affaire. Et pourquoi je hais les femmes ? C'est faux, maman, pas du tout, c'est juste une phrase qui est partie toute seule et dont j'ignore la raison. À nouveau : et pourquoi je ne suis pas homo, j'aurais été si heureux. Maman, je t'ai dit mille fois, je ne suis pas homosexuel. (J'articule pour qu'elle me comprenne bien, elle est hermétique à mes explications concernant ce sujet.) Elle répète qu'elle espérait tant que je finisse avec Fabien. Nous étions inséparables au lycée. Si beaux ensemble. Pourquoi ai-je si peur de m'engager ? Pourquoi je fais toujours les mauvais choix ? Elle n'en peut plus de tout gérer à ma place.

Je lui annonce que Fabien a signé la déposition avec les autres.

Le pauvre, dit-elle, il doit se sentir si mal. Tout cela, c'est de ta faute. Vous auriez formé un beau couple.

Maman… je n'ai pas le culte de la beauté, de l'adolescence, du muscle, du corps, je n'ai pas envie de vieillir seul et aigri comme Fabien, à me lamenter sur ma jeunesse passée quand baiser était si facile. Une communauté dont l'essence est le sexe et la taille de la bite ne peut sérieusement m'intéresser. J'aime la fidélité et je suis d'un naturel jaloux. Et je ne pourrais passer ma vie à gérer mon agenda de la fête, le rejet des autres et des miens. Pas un système pour moi, maman, je préfère la solitude, la vraie, l'incertitude émotionnelle qui ne fait pas trop mal, je suis lâche, tu sais bien. Une communauté qui s'est façonnée dans la douleur et qui ne s'en est pas affranchie, ça vaut quoi ? Ils punissent d'une façon aussi implacable qu'ils ont été punis. Ils ne valent pas mieux que leurs bourreaux. Je ne veux pas être pédé, arrête de me harceler là-dessus. Je suis Alain Conlang et mon côté féminin restera inexploré.

Ses yeux s'arrondissent, trahissant son incapacité chronique à me cerner. Elle aimerait me baffer, me cogner, me renverser le plat sur la tête comme elle avait l'habitude de faire quand j'étais petit. Est-ce que je lui rappelle mon père dans sa médiocrité, son dégoût des autres et son mépris pour l'avenir en général ?

Que vais-je faire de toi ? balbutie-t-elle, les larmes aux yeux. Toutes ces luttes passées et ces victoires sur la folie humaine que tu piétines d'un coup. Ta légèreté m'inquiète. Tu n'as aucune conscience citoyenne. Tu aurais dû naître à une autre époque. Ou tu n'aurais pas dû naître du tout, la vie n'est pas un cadeau que je t'ai fait, je le regrette, pardonne-moi, ce monde n'est pas fait pour toi, mais qu'est-ce qui est fait pour toi ? Tu me rappelles un peu la petite Adèle (la cadette de mon frère), on ne sait jamais par quel bout la prendre, elle refuse tous mes cadeaux, cette idiote, elle me refuse le rôle de grand-mère, ce n'est vraiment pas juste, c'est incompréhensible. Tu es l'opposé de ton frère. Lui, il est sorti en deux secondes, je n'ai pas souffert, il était si pressé de vivre pour conquérir le monde, quel joli, quel joli garçon, quelle belle femme il sera, je suis si fière.

Je crois que la transition de mon frère fait dérailler ma mère. Je n'en peux plus de l'entendre rabâcher que Benjamin est sorti facilement de ses entrailles tel un petit magicien et que moi, petit salaud accroché au cordon, j'ai déchiré tout son intérieur, et en y prenant du plaisir en plus. Elle ne me pardonnera jamais. Quand elle ne sait plus quoi dire, elle ressort l'histoire de ma venue au monde.

Au dessert, elle me propose d'acheter les signataires de la plainte afin qu'ils la retirent. Voilà. On paiera le prix. Tu comprends, un procès serait détestable, si grave pour ma réputation, la tienne, celle de ton frère qui s'apprête à une renaissance et une belle reconnaissance. Elle propose dix mille par convive, Qu'est-ce que ça peut leur foutre que tu sois misogyne, sexiste et macho. Tu es d'un autre temps, qu'est-ce que ça peut vraiment leur foutre ! crie-t-elle soudain. Ces connasses vont nous détruire. J'ai mis tant de temps à nous construire. Je ne les laisserai pas tout défaire.

Je prends sa main, ma petite maman si fragile d'un coup. C'est notre lien, les mains. C'est tout ce que j'ai hérité d'elle, des doigts un peu boudinés et des ongles toujours rebelles, jamais parfaits, elle s'échine à les laquer avec du vernis de contrebande, le rouge ou le rose sont interdits depuis longtemps à cause des substances nocives à sa beauté naturelle, dont elle se contrefout.

— Ne t'inquiète pas, j'essaie de la rassurer, il n'y aura pas de procès. Et s'il y en a un, je le gagnerai.

— N'en sois pas si certain, mon chéri. Ces femmes sont des chiennes. Crois-moi, quand elles tiennent un imbécile comme toi, elles veulent sa peau, elles te nettoieront jusqu'à l'os, il ne restera plus rien de toi, de nous.

Elle consulte une notification sur son téléphone.

— J'aurais dû te mettre au judo, fait-elle. Puis elle compte ses tickets de viande qu'elle me tend machinalement. Tu n'as jamais su te battre.

J'ai déniché un lot de vieux cahiers chez un brocanteur et des stylos à plume. De l'encre violette, ça me rappelle mon enfance. La plume glisse sur ce doux papier de marque Clairefontaine, seules les premières pages usagées ont été soigneusement retirées par l'antiquaire qui en a fait un article prêt à l'usage comme dans le passé, comme neuf. L'interdiction du papier à usage privé me pèse. Quand j'étais gamine, j'adorais rédiger mon journal. Aucun enfant ne sait vraiment écrire aujourd'hui. Dans les écoles, on ne dispense même plus de cours de calligraphie. Il ne faut pas être complice de ces terribles crimes contre les arbres, mais les claviers manquent tant de douceur et de sensualité.

Ton frère ne supportera pas de me lire. Il n'a pas cette curiosité ni cette finesse. Je t'informerai peut-être un jour de l'existence de mes jolis cahiers. Pour l'instant, ils resteront cachés. Je promets qu'ici, je ne mentirai pas. Ni à moi ni à toi. Se mentir, c'est mourir.

J'ai l'impression que tu vis dans le mensonge.

Mon avocate m'a convoqué dans un café près de son cabinet. Elle ne se sent pas bien, un rhume persistant l'affaiblit depuis quelques jours, pas au top de sa forme. Ses cheveux sont encore plus longs qu'au dernier rendez-vous.

— Vous devriez préparer des excuses publiques, vous êtes un personnage médiatique, ils finiront par l'exiger, et puis votre mère est une femme importante, on ne veut pas l'éclabousser avec cette sordide affaire.

— Je ne suis qu'un petit polémiste sans importance, seuls les jeunes me suivent.

— J'avoue, je ne comprends ni votre humour, ni vos thématiques, ni votre relatif succès. Tout cela m'échappe. Et vous êtes assermenté ?

— Oui. Vous voulez voir ma carte de polémiste ?

— Non ça va. Vous passez à la télé, ils ont dû faire leur travail de vérification. Je vous préviens, j'ai horreur du mensonge ! On ne doit rien se cacher.

Anne Gentil se mouche fort, on dirait qu'elle souhaite expulser de son être une foule de microbes en rébellion ainsi qu'une partie de sa graisse. Elle est en guerre contre son corps qui dégouline et trahit son incapacité à suivre les directives strictes du ministère de la Santé en matière de régime. Elle paie sans doute chaque année une taxe sur le surpoids, qui n'est plus toléré depuis 2027, décret historique qui a fait couler beaucoup d'encre et marqué une fois pour toutes la fin du droit à l'obésité, je n'ai jamais osé en faire une chronique, j'adore bouffer. La pause d'un anneau gastrique est obligatoire passé une certaine limite et je ne sais quelle dérogation elle a obtenue pour éviter l'opération. Elle avale par litre ses potions anti-graisse qui finissent par la faire grossir. Elle admire l'intérieur de son mouchoir et m'avoue qu'elle ne s'est pas fait vacciner malgré la loi. Jusqu'à présent elle a réussi à échapper aux contrôles sanitaires aléatoires.

— Leur "package du respect", rhume, grippe, maux de gorge, IST, hépatites, tétanos, risquait de me faire grossir.

— J'ai l'impression que ça marche plutôt bien. Je passe à travers l'hiver sans un éternuement. Le pack IST ne me sert pas à grand-chose, je suis fidèle à ma femme.

— Je hais les piqûres et j'aime éternuer, ça fait sortir le mauvais air de moi, comme me disait ma pauvre mère ! J'ai dû soudoyer le médecin pour qu'il me signe une fausse déclaration. Ça m'a coûté cher mais au moins, mon corps est libre de toute leur merde.

— Je ne savais pas qu'on pouvait soudoyer les médecins.

— Heureusement, la corruption est le seul vice qu'il nous reste de la grande époque. Vous n'auriez pas un ticket, j'ai très envie d'un whisky, demande-t-elle en faisant voltiger sa formidable chevelure dans les airs.

Je fouille dans mes poches, j'en sors mes carnets. Elle me tend sa main machinalement.

— Je vous échange deux tickets d'alcool contre quatre de viande.

Elle réfléchit un instant. C'est cher payé le verre.

— Prenez mon carnet de viande et vous me donnez votre carnet d'alcool.

Évidemment je n'accepte pas son marché, je tiens aussi à ma bière et à mon whisky, je n'ai pas son talent pour me jouer du contrôle sévère qui limite la consommation. Je lui tends en cadeau un ticket alcool.

— Il paraît qu'ils vont diminuer leur nombre de moitié l'année prochaine. C'est un serveur de chez Henri qui me l'a dit.

— Quelle catastrophe, soupire-t-elle. Ils nous rendent la vie impossible, je rêve d'une vraie cuite. Les substituts me font mal à la tête et au ventre. Nous devons gagner votre procès. Je me fais un point d'honneur de rabattre le caquet à toutes ces ligues professionnelles de casse-couilles.

— Bref, breffff, éternue-t-elle.

Elle déconseille fortement de suivre l'idée de ma mère. Acheter les signataires d'une plainte pourrait sérieusement se retourner contre moi. Elle soupire devant l'ineptie de la proposition maternelle qui trahit une certaine fébrilité de notre part. Qui étaient exactement les convives, avaient-ils tous un lien, communiquent-ils entre eux ? Y avait-il un leader parmi eux ? Des suiveurs ? Elle se propose d'engager un détective pour fouiller leur passé, les discréditer, breffff agir à l'ancienne. Votre mère accepterait-elle une telle dépense ?

— Vous croyez en l'instinct féminin ? me demande-t-elle.

— Je croyais qu'il était interdit de proférer ce genre de propos discriminatoires, surtout en public, les caméras lisent sur les lèvres, les micros ne cessent jamais leur inquisition, même dans ce petit café merdique mais qui sert un vrai café bio et écoresponsable. Vous n'avez pas peur ?

— Vous croyez en la drague ?

Oui la drague ! insiste-t-elle.

Sa question est dangereuse. Je n'ose répondre.

On se frôlait, on se regardait intensément, on se touchait comme des chiens affamés. Moi, de voir un mâle bander à travers son pantalon, ça me manque, qu'est-ce que vous voulez que je vous dise. Ça me manque vraiment cette bosse et ces merveilleux contours à travers le tissu du pantalon ou du slip. Ils ont tout cassé. Je gagnerai votre procès, monsieur Conlang. Car j'ai envie qu'un jeune inconnu me plaque contre un mur et me baise. Je suis prête à en mourir. J'ai tellement envie que l'on me surprenne ainsi. Vous n'êtes pas de mon avis ?

Je crains qu'elle me tende un piège. Est-elle sincère ? Travaille-t-elle aussi pour le tribunal ? De quoi parle-t-elle. La drague ? La tête me tourne. Ce sont les suspects qui se font plaquer contre un mur pour se faire fouiller en profondeur. Écartez les jambes. Ne bougez plus.

Elle me tétanise avec ses allusions d'apparence si légères. Où trouve-t-elle l'incroyable courage de garder ses cheveux longs.

Mon petit assistant souffre de solitude. Sa génération n'a pas connu l'inégalité des sexes, le droit des femmes à se libérer, c'est de la préhistoire pour lui. Ce petit génie ne drague pas, il ne connaît pas le concept, ni le début ni la fin. Quand je lui décris les angoisses de la séduction à mon époque, il écarquille les yeux, il pense que j'affabule comme d'habitude. Je vous kiffe. Aujourd'hui la loi exige que chaque jeune s'inscrive dans un fichier central, puis il est libre de cocher, dans la liste que l'État lui a dressée, une liste de mille individus répartis en France ou dans le monde, de toutes races, tous sexes, toutes couches sociales, une liste égalitaire que l'Algorithme bienveillant établit pour nous dès notre naissance. Il est rare qu'un jeune ne rencontre pas l'âme sœur. Il est rare qu'un jeune reste seul. D'ailleurs s'il choisit cette option sur le programme, il sera immédiatement fiché et suspecté d'activité amoureuse non déclarée, son mapping sera altéré. De toutes les façons, les relations amoureuses avec l'autre sont devenues tellement dangereuses que le jeune préfère passer par l'Algorithme plutôt que de rejoindre la clandestinité affective. Les prisons sont peuplées de ces vieux harceleurs, violeurs ou suspects en attente de leur procès, dénoncés par l'agressé ou leurs voisins, d'hier ou d'il y a vingt ans. Pas de prescription pour ces criminels. L'Algorithme a été imposé par l'État puis confirmé par le bon législateur pour sauver la démographie du pays en dangereux déclin. Mais les sexes restent encore terrifiés l'un par l'autre. Le législateur ne parvient pas à déterminer clairement les limites à ne pas dépasser dans le jeu de la séduction. Des commissions citoyennes d'étude y travaillent. On attend leur rapport. A-t-on le droit de se frôler ? À peine du bout des doigts ? Du bout des lèvres ?

— Vous croyez que je pourrais perdre mon travail ? demande Ruben, masquant péniblement son inquiétude.

— Parle-moi de ta nouvelle copine. Comment s'appelle-t-elle ?

— Je n'ai pas de copine. Je me branle beaucoup sur le site officiel de la ville de Paris. Il n'est pas mal fait. Ils renouvellent souvent les vidéos avec des amateurs volontaires équitablement rémunérés, c'est cool.

Ces jeunes ont un manque de pudeur qui me désarme.

— Il paraît qu'à votre époque, on se masturbait en utilisant son imagination ? On se créait ses propres films dans la tête ? C'est vrai ? Mais comment ? Vous pensiez à quoi vous ? On commence par où ? Quel décor choisir ? Quel personnage ? Combien ? Un parfum peut-être ? Trop de choix, non ?

Mon frère est vraiment fou de rage contre moi. Il tourne en boucle, n'en démord pas, n'en dort pas, c'est mauvais pour la préparation de sa peau aux lourdes opérations qu'il va subir pour devenir femme. Il craint pour sa réputation, pour la nôtre. Comme d'habitude, je suis inconscient et je ne pense qu'à ma gueule, le dialogue récurrent de notre vie. Il imagine déjà les remarques lors de sa *transition party* qu'il souhaite grandiose. Comment ose-t-il devenir femme avec un tel frère, sexiste, misogyne. C'est un peu comme s'il voulait se convertir au judaïsme affublé d'un frère néonazi. N'est-il pas lui-même si haineux des femmes qu'il cherche à usurper leur essence, rien de ce qu'il ressent n'est vraiment sincère, il se sent si merdeux en tant qu'homme qu'il choisit d'abandonner son sexe de naissance pour collaborer avec l'ennemi, de l'infiltrer, tout cela est bien suspect.

— Les femmes, l'ennemi ? s'étrangle-t-il, outré par mes propos.

— C'est une image.

Il s'effondre, Je rêvais d'un sans-faute pour ma transition. Tu gâches tout, comme d'habitude.

Voir Benjamin est devenu une corvée, nous n'avons plus grand-chose à nous dire. Il m'a donné rendez-vous dans une pâtisserie guindée du 1er arrondissement, les menus sans gluten et sans sucre sont légion. Quand je demande un menu classique, le serveur émacié me lance un regard empreint d'incompréhension. Monsieur Conlang, ça prendra plus de temps, vous savez, me dit-il, pour me décourager. Et félicitations pour votre chronique sur la pénurie d'eau. J'ai beaucoup ri, croyez-vous qu'ils vont autoriser à nouveau les piscines ?

Je ne crois pas, lui dis-je un peu absent. Comme si j'avais mes entrées à l'Assemblée. Puis je lui lance mon sourire insistant et agacé qu'il traduit correctement. Il me ramène une vieille feuille photocopiée à peine propre sur laquelle les recettes à la vraie farine et contenant du sucre en doses non recommandées ont été imprimées il y a des siècles. La pâtisserie à l'ancienne est devenue si difficile à dénicher, seuls les vieux artisans la pratiquent encore, mais ils partent à la retraite ou meurent d'ennui. Les hordes d'associations pour la santé, les anti-décret obésité, les pro-décret obésité, les malades du cœur, les allergiques professionnels ont eu raison de notre amour pour une pâte feuilletée bien faite ou une crème parfaitement anglaise. Seule la boulangerie, dont le lobby est toujours aussi fort, a su résister aux assauts de ces associations, ils ont même réussi à imposer leur pain comme facteur essentiel de santé, mais pour combien de temps encore, les associations sont si riches qu'elles font travailler des armées d'avocats qui ne lâcheront pas leurs bonnes affaires. Il faut protéger l'être humain coûte que coûte de la farine de blé. Et le blé de l'être humain.

Mon frère est arrivé en retard comme d'habitude. Je ne l'ai pas revu depuis l'anniversaire raté de ma mère. Mom ne tolère plus aucun conflit entre ses garçons et nous force à nous aimer. Sa volonté de changer de sexe, sa transition suscite l'admiration générale, moi elle m'emmerde. C'est mon droit et je n'ai aucune justification à donner, clame-t-il sans cesse, comme si j'en avais quelque chose à foutre. Pourtant, Benjamin est un homme, un être accompli, soutenu par sa femme et ses enfants, mes deux nièces, la petite Adèle qui me ressemble comme deux gouttes d'eau selon maman et l'aînée, Dominique, qu'on surnomme Ficelle tant elle est longue, fine et râpeuse. La vie de Ficelle est dédiée à son mapping et aux garçons qu'elle découvre et rejette grâce à l'Algorithme, c'est de son âge. Comme tous les jeunes, elle frissonne à l'idée d'épuiser son compte de crétins boutonneux (l'acné n'a toujours pas été vaincue, les tentatives obstinées de vaccins se terminant toutes en fiascos médiatiques et médicaux). La loi a interdit aux jeunes hommes de faire le premier pas pour prévenir ainsi tout dérapage à l'encontre des filles. Les pratiques homosexuelles ont explosé chez les jeunes garçons qui ont besoin d'exprimer leur fougue et leur envie, et ne se sentent plus libres qu'entre eux. Rien de nouveau. Les filles sont protégées et les cas de dénonciations de harcèlements sexuels sont devenus très rares. D'où mon procès, car il faut toujours punir un homme pour rappeler aux autres les limites à ne jamais dépasser.

Mon frère s'assied en étirant son bassin vers l'arrière, comme il a appris dans ses classes de transition. Devenir femme n'est pas chose aisée. Il a le geste un peu hésitant, n'ose pas croiser mon regard qu'il pressent sarcastique.

— C'est mon droit, s'étouffe-t-il à nouveau. Je me suis lassé d'être. Je suis à côté de moi-même. Je n'y arrive plus. Tu peux le comprendre ? Je serai une femme merveilleuse. (Pour changer de sujet.) Tu as acheté ton costume pour ma *transition party* ?

— Pas encore. Je crains de faire une faute de goût. Avec mon procès, je ne veux plus prendre aucun risque.

— Ne te ramène pas en clodo. C'est tout ce que je te demande.

— Et la petite Adèle, comment prend-elle cela.

— Elle n'est pas en âge de vouloir le bonheur de son père. On y travaille.

— Tu fais ça où ? Maman m'a dit que tu hésitais.

— C'est secret. On y travaille. Tu seras bluffé.

— Et ton travail, justement ?

— J'ai droit à mon congé de transition comme tout le monde.

— Ils prennent ça comment ?

— Ils sont très heureux pour moi. Tu sais, je ne suis pas le seul au bureau.

— Évidemment. Et ton prénom ?

— Tu verras bien.

On boit nos coupes de champagne bio et équitable. Mon frère tend deux tickets d'alcool au jeune serveur qui les inspecte comme s'ils étaient faux.

— Ton procès. Tu dois absolument l'éviter. Je connais des gens à l'Assemblée qui pourraient intervenir. Tu es un Conlang, le bonheur est un devoir. Un travail collectif. Je compte sur toi pour nous sortir de tout cela.

— J'ai toujours détesté le collectif.

Pour ne pas contrarier Benjamin, j'ai dû prendre le train très tôt pour arriver à Bourges à l'heure. La nouvelle Assemblée y a été transférée. C'est un complexe imposant de plusieurs tours rappelant l'ancien Beaugrenelle, Paris 15e.

Une gare TGV y a été construite spécialement, station Grande Assemblée, une heure de trajet précisément d'à peu près partout en France, la Région centrale porte bien son nom. À part ça, aucun intérêt, comme tout ce qui est au centre.

Dans le train bourré d'assistants parlementaires en costumes noirs, l'atmosphère est suffocante, je manque d'air mais j'ai réussi à trouver une place assise grâce au système de loterie placé sur les quais devant chaque wagon. Pour une fois que je gagne quelque chose, c'est bon signe ?

J'observe cette jeunesse assoiffée de pouvoir qui se pose la même question, pourquoi Bourges, fait chier la géographie, fait vraiment chier le Centre. On était mieux à Paris dont la mairie a transformé l'ancienne Assemblée en espace de partage et d'expression citoyenne.

Les choix démocratiques avec leurs votes obligatoires sont parfois désolants. J'ai l'impression qu'on clique sur n'importe quelle case juste pour se débarrasser du choix. Personne ne saisit encore la portée de ce référendum historique ayant conduit à un tel déplacement en région Centre. Ces jeunes Parisiens rêvent de revenir au système classique qui avait du bon finalement, l'abstention, les bulletins papiers, les isoloirs, la queue dans la maternelle où tu as fait tes premiers pas pour voter, la paresse de se déplacer parce qu'il pleut, c'est dimanche, fous-moi la paix, les conseils des parents, des amis, les échanges, les débats télévisés et paraît-il que ça baisait pas mal pour fêter ça dans les ministères et les assemblées. La Grande Assemblée transférée à Bourges par souci de centralité effective. Ces enfants en costumes noirs rêvent tous de ce monde disparu, à jamais englouti par le référendum citoyen, tout était imparfait et rien ne fonctionnait, ça devait être cool. La corruption avait du bon, les jeunes dans le train à grande vitesse sont friands d'anecdotes et d'histoires salées au sujet de la sexualité débridée qui régnait à cette époque dans les antichambres et couloirs du pouvoir, oui, paraît-il que ça baisait dans tous les sens. Ils rougissent d'envie. C'est quoi baiser, demande un boutonneux un peu moche. Ils rient, il y a une bonne ambiance entre eux. Une jeunesse merveilleusement sereine. Ils luttent contre les balancements du train pour éviter de se toucher, les filles ressemblent aux garçons, leurs costumes noirs, leurs chemises amidonnées à la blancheur parfaite les étouffent comme des camisoles les protégeant d'eux-mêmes, ils maîtrisent tout dérapage, ils vont bien. C'est quoi baiser ? Ils rient encore, ne comprennent même pas la question, ils devinent qu'il vaut mieux rire plutôt que pleurer.

Le train s'arrête mollement à Grande Assemblée. La foule se dirige vers la sortie en sous-sol qui conduit directement vers l'entrée du bâtiment principal. C'est une vague noire qui ondule au même rythme, pas une tête ne dépasse.

Le nœud au ventre, je me présente devant l'entrée réservée aux visiteurs. Une machine me crache mon numéro de passage. Je ne suis pas près de rentrer tant la foule est dense. Qui sont ces gens, d'autres accusés venus trouver un soutien ? Des lobbyistes sans doute à l'affût des membres à l'écoute ? Des écoliers en visite obligatoire ? La vague des visiteurs est moins harmonieuse que celle des assistants parlementaires. Au bout de trois heures, c'est enfin mon tour. Il a fallu supporter sans frémir la fouille fastidieuse de ce millier d'écoliers excités par leur sortie dans le cadre d'un énième cours de civisme. Adorables bambins. Ils portent tous l'uniforme de leur école. Les alarmes sonnent de toutes parts. Les préposés à la sécurité font jaillir des poches enfantines des objets métalliques divers, des porte-clés surtout, les téléphones portables, obligatoires dès l'âge de trois ans. Notre jeunesse est vive et prête à l'assaut de la vie. Certains me reconnaissent et s'avancent comme des sauvages pour me faire signer un autographe sur leur écran. L'un des accompagnateurs nous prend en photo. Les gamins sont en transe. S'ils connaissaient le but de ma visite, ils fuiraient. Bientôt je serai un paria. Mais c'est bon signe, ils ne savent rien, la nouvelle de mon délit n'est pas encore devenue publique.

Une perle de sueur glisse sur mon front. Un des gamins un peu ballot m'assène un coup de poing dans le ventre. Ils éclatent de rire, puis se font avaler par le grand hall pour le début de leur visite obligatoire. Qu'est-ce qui lui a pris à cet imbécile. Il m'a fait mal.

Je me lève d'un coup et me dirige vers mon numéro qui clignote. Un préposé m'attend. C'est un peu comme le passage d'une douane. La Grande Assemblée est devenue un État dans l'État. Un État qui souhaite notre bien-être et, si on n'est pas d'accord avec leur vision et leurs manières, il faudra attendre dix ans, une génération, pour élire de nouveaux députés. Dix ans, c'est long mais nos sages ont ainsi garanti la stabilité de l'État, donc la nôtre. Je n'ai aucune patience.

Je présente mon visage devant son scanneur et mon dossier apparaît à l'écran.

— Votre mapping, dit-il perplexe. Vous êtes presque au niveau rouge.

— Ah bon ?

(Je m'étrangle.)

— J'étais vert il y a à peine quelques jours.

(Je mens.)

— Des plaintes contre vous ?

— Pas que je sache.

— Vous êtes à un pour cent du rouge. Vous comprenez ce que ça veut dire.

— Oui bien sûr. Je vais déposer une requête, c'est sans doute une erreur.

— Les erreurs sont rares dans les mappings, monsieur Conlang. Ma femme et les enfants adorent vos chroniques. Moi, j'avoue, vous me laissez indifférent.

Il me tend mon badge.

— Vous êtes à 1 pour cent du rouge, monsieur Conlang.

— Merci. Oui, c'est sans doute une erreur.

Ma mère et mon frère vont sans doute me tuer car le mapping déteint automatiquement sur celui des autres membres de la famille. Je dois me sortir de ce procès au plus vite. De l'orange on passe rapidement au rouge. Il n'y a pas de retour en arrière malgré les revendications assez timides de l'association pour le droit à la repentance, une pauvre organisation militante décriée par l'ensemble des médias et de la population. Il faut punir et se débarrasser des criminels, qui ne sont pas recyclables par nature.

Les battements de mon cœur s'emballent. Je monte au vingtième étage, celui des membres éminents de notre vénérable Assemblée. Je marche un peu plus vite dans le long couloir bordé de portes dont les numéros défilent. Je transpire. Cette chemise recyclée ne permet pas à ma peau de respirer. Elle me gratte. J'ai envie de l'arracher. Je rêve d'un tee-shirt blanc en coton tout neuf, comme lorsque j'avais quinze ans. Je m'arrête enfin devant le préposé de l'étage. Je lui tends mon badge.

— Tiens, votre mapping est presque au rouge.

— C'est l'histoire de ma vie, dis-je pour obtenir un rire facile.

— Vous avez rendez-vous avec Mustapha Alani ?

— Oui. Je suis Alain Conlang.

— Évidemment. Asseyez-vous. Je le préviens.

Je ne sais pas trop où m'asseoir. Je ne vois pas les chaises.

— Asseyez-vous ! me répète le préposé agacé.

Je n'ose lui répondre qu'il n'y a pas de chaise.

Je reste debout. Il disparaît derrière une porte. Mustapha Alani est un des députés stars de notre vénérable Assemblée. Il a refusé de changer son prénom pour Maurice, mais assume la nouvelle laïcité avec talent, il insiste même pour manger du porc face aux caméras.

Benjamin a croisé Mustapha à Polytechnique, ils étaient dans la même équipe de beach-volley. Comme tous nos vaillants députés, il a été élu au premier tour avec une confortable majorité. Pour les consultations citoyennes, il est fortement recommandé de donner sa procuration à l'Algorithme, qui est censé faire le choix le plus égalitaire et le plus juste, assurant la pérennité de la démocratie. Évidemment, on a le droit de voter soi-même sur le site ouvert à cet effet à chaque convocation populaire, mais les bons citoyens craignent que l'expression d'un manque de confiance envers l'Algorithme n'altère leur mapping et ils préfèrent lui donner une procuration électronique. Les candidats sont tous les mêmes, ils n'ont que la planète en tête, et la paix, dans le respect absolu de l'autre, aucun d'eux ne dégage vraiment de spécificité qui pourrait m'attirer, à quoi bon choisir, moi aussi je donne ma procuration.

Pourtant j'aimais bien voter, c'était un principe démocratique hérité de mes grands-parents auquel je ne croyais pas renoncer un jour. Ils faisaient toujours une fête le soir des élections. C'était sympathique. On rigolait avec Benjamin devant ces adultes euphoriques ou dépités selon les résultats. On prévoyait les chiffres, on gagnait des parts de pizza supplémentaires si on devinait juste. Benjamin tentait de m'expliquer les différences entre les candidats, je voulais juste jouer pour m'empiffrer un maximum. J'avais douze ans quand François Hollande a été élu. Mon grand-père avait failli se jeter par la fenêtre. Je me souviens encore de leurs têtes. C'était la fin du monde.

Le préposé revient.

— Vous ne vous êtes pas assis ?

— Non, j'ai une circulation difficile au niveau des jambes.

— Ah.

— M. Alani ne pourra pas vous recevoir.

— Mais…

— Les députés n'ont pas l'autorisation de communiquer avec les mapping orange. Ils n'auraient pas dû vous laisser passer à la réception.

Il me demande un autographe.

— Vous faites beaucoup rire ma fille, puis : Passez une bonne journée. Vous pouvez prendre l'ascenseur du fond, il mène directement à la gare.

J'ai l'impression que l'air est glacé. Pourtant nous sommes encore en hiver et il fait 26 degrés. Je grelotte. Je suis épuisé. Cette journée n'a servi à rien. Le train du retour est bondé. Les gens se plaignent toujours de la foule. À cet instant de ma vie, j'y trouve au contraire un certain réconfort. Comme un bain d'humanité, un contact direct avec l'homme tel qu'il est. Cette intimité urbaine est des plus enivrantes car l'homme existe encore, je suis coincé contre lui, il transpire, il grogne, il respire au-dessus de ma tête, les narines collées à mon cou. Son souffle est imparfait, son odeur toujours mal maîtrisée, j'ai confiance en mon avenir qui sera radieux.

Sam est à la maison. Elle a pris sa journée pour renouveler ses abonnements et son passe jeunesse. Je la découvre complètement pâle et abattue.

— Tu as dégradé mon mapping.

— Je sais, je suis désolé. Dans six mois, tu retrouveras ton niveau.

— Ce n'était pas prévu que tu dégrades mon mapping, dit-elle de plus en plus pâle.

— Je vais m'arranger. Ma mère a des contacts. Tu es à combien de l'orange ?

— 45 %.

— Il te reste une très très bonne marge. En faisant un don du sang, tu pourras automatiquement retrouver quelques points. Moi, il va falloir que je m'offre aux vampires. Ils vont devoir me vider.

Je force un sourire.

— Je n'ai pas envie de rire. Tu es complètement inconscient. Il te reste combien ?

— Un gros pour cent. Je ne vais plus toucher à mon ordinateur et à mon téléphone. Je vais rester à la maison. Je vais devenir invisible.

Elle tombe dans mes bras et éclate en sanglots. On s'était promis de ne pas se toucher le mapping.

Sam n'a pas souhaité prendre le risque de dégrader son mapping davantage. Elle est retournée chez ses parents. Elle a envoyé sa déclaration de séparation à la Préfecture générale. Les couples "hors Algorithme" doivent déclarer leur union et leur désunion. Je me demande si ce n'était pas là une occasion pour elle de me fuir, une manière de séparation déguisée.

Elle a promis qu'elle reviendrait. Tout ça, c'est temporaire, tu es l'homme de ma vie. Elle me l'a assuré. C'est vrai, j'y crois, qui d'autre que moi la fera rire ? Elle me l'a répété en boucle comme si elle devait s'en convaincre.

Je suis au fond du lit depuis trois jours. Je n'arrive pas à manger, à peine à boire. Ma gorge est en carton, elle va s'effriter. J'ai l'impression d'avoir raté un examen, ma mère va me massacrer, je baisserai les yeux devant son regard plein de mépris, jamais je ne parviendrai à le soutenir. Cette impression merdique d'échouer constamment partout, de n'avoir aucun avenir, de se foutre délibérément en l'air, le collège n'est pas fait pour moi, heureusement que Fabien est là pour me distraire, il me tripote de temps en temps, ça ne me dérange pas, ça lui fait plaisir, je suis en quatrième et je fréquente les grands, ceux qui sont dans la classe de mon frère qui réussit en tout.

Ma mère, “ma frère” ne cessent d’appeler et tombent sur mon répondeur. Je dois me dégoter un vieux téléphone au plus vite. J’ai la gerbe. Je dois améliorer mon mapping sinon je suis vraiment foutu. Je vais me porter volontaire auprès de diverses associations humanitaires ou écologiques, adopter un chien, donner du sang, un organe, peut-être qu’un rein suffirait à me sauver, c’est prévu par la loi, c’est automatique pour faire remonter le mapping de quelques malheureux points, mais ça me saoule un peu. Les âmes vertueuses déclareront aux ministères ma bonne volonté, mon sérieux, mon humanité, mon honnêteté, ce dîner était un accident, votre honneur. Elles attesteront que ces travaux d’intérêts généraux sont véridiques, pas du bidon, mon sang O- est sain et universel, et mon crédit social repassera au vert. Tel père, tel fils, je vais réussir à repasser au vert. Papa, quel est ton secret pour survivre ?

Être coupable de sexisme n’est pas rattrapable, soyons lucide. Sinon à quoi auraient servi ces formidables luttes d’émancipation, comme dirait ma mère, ces révolutions héroïques pour l’égalité des sexes. Être coupable est une condamnation à vie. Plus rien ne s’efface. Tout reste archivé pour l’éternité. Tout est aspiré, étudié, déduit, projeté, rien ne se perd, les données sont conservées, jamais recyclées. On a plus de clémence pour nos poubelles que pour nos erreurs et nos fautes.

Je traverse Paris à pied. Je crève de faim, d'un coup. La location d'un vélo passe par les services de paiement intégrés dans nos téléphones, ainsi que l'entrée dans le métro ou les courses au supermarché. Je ne souhaite prendre aucun risque qui dégraderait mon pauvre mapping déjà si corrompu. Un panier mal composé, des aliments aux ingrédients suspects, et ce serait encore quelques points en moins. Les autorités sanitaires tardent à mettre à jour la liste des ingrédients qui ne font pas perdre des points, c'est assommant. On dirait qu'ils cherchent encore les règles d'un jeu qui a commencé sans eux. Des ingrédients nocifs pour le corps, pour les autres, pour la Sécu, pour la planète ? Je ne sais plus. Je ne prendrai aucun risque. Évidemment, ne pas utiliser les services de paiement et passer inaperçu est tout à fait autorisé mais peu recommandé si on veut éviter les soupçons qui se traduiront par une perte de points et des mails de relance avec réponse obligatoire pour apaiser les inquiétudes liées à l'absence des services de paiement et de la vie quotidienne en général. L'État ne supporte pas le ghosting et le traduit d'emblée par une suspicion d'activité criminelle. Si on est absent on est forcément coupable. Pourquoi se cacher ? De quoi au juste ?

Après une heure de marche pendant laquelle je me suis forcé à traverser aux passages pour piétons en respectant scrupuleusement les signaux verts ou rouges, j'arrive enfin place de l'Étoile et je me dirige à bout de souffle vers l'avenue de Villiers. Je suis épuisé. J'ai soif. L'eau est si chère, je ne trouve aucune fontaine publique en état de fonctionnement. Pourvu qu'il pleuve, mais les pluies sont si rares. Une vache errante a failli m'écraser. Depuis la loi sur le respect du libre arbitre animal, elles se baladent à leur guise dans Paris, seuls les chiens sauvages ont le droit de les mordre. Les vieilles dames ne sortent plus pour effectuer leur promenade quotidienne, voir du monde, s'élargir l'horizon, prendre l'air tout simplement. Trop dangereux. On préfère le bien-être des chiens à celui de nos vieillards qui ont fait tant de mal à la planète.

J'ai rendez-vous avec Ruben devant l'entrée du Ghetto juif.

— Qu'est-ce qu'il t'arrive ? Une peine de cœur ?

Ruben lève les yeux au ciel, il me trouve lourd.

— Mon mapping ! lâche-t-il en panique. Il s'est dégradé ce matin. D'un coup.

Je suis surpris par sa réaction, je le croyais plus rebelle. Ce mapping est une plaie.

— Vous souriez ! s'étrangle-t-il. Ce n'est pas drôle !

— Ta réaction oui, absolument.

— Finalement, j'y tiens à mon mapping. Quelle merde. Pourquoi j'y tiens ? Je rêvais qu'il se dégrade, mais quand ça arrive, ça fout vraiment les boules. J'ai très peur. Comme la découverte d'un cancer incurable. Dommage que les chroniques à son sujet soient strictement interdites. Cette catastrophe me file l'inspiration.

Il me conduit devant une des entrées du Ghetto, boulevard de Courcelles. L'ambiance est un peu bizarre, il y a des juifs partout, ils ont l'air heureux, les boutiques et les restaurants sont bondés. Ruben remarque que je baisse la tête comme si je cherchais à dissimuler mon visage suspect.

— Vous n'avez pas besoin de vous cacher. Il n'y a ni caméras ni micros chez nous.

Les juifs ont négocié avec les autorités l'absence de caméras et de micros à cause d'une histoire de lois du shabbat que je n'ai pas bien saisie, en matière de respect des communautés et de leur exigence, l'État témoigne d'une bienveillance sans limites. Tant que les juifs acceptent de demeurer dans leur enceinte, tout le monde est heureux, les caméras sont de toutes les façons placées face aux énormes portes d'entrée du Ghetto, celle du boulevard Pereire, l'autre boulevard de Courcelles et la troisième rue de Villiers.

C'est étrange de se dire qu'on n'est ni filmé ni enregistré. Je n'ose encore relever la tête, je n'ose décrisper mon visage. Ce sentiment de liberté est presque toxique tant j'en ai oublié le goût.

On entre dans un immeuble en brique rouge de la villa Monceau. Une mezouza géante est accrochée à l'entrée de chaque appartement, il y en a de toutes les couleurs et de toutes les matières. Cette expression libre de la judaïté m'émeut, car il y avait une époque où ces mêmes mezouzas étaient si petites qu'on les voyait à peine, certains n'osaient même plus les accrocher à l'extérieur sur le palier, elles désignaient leurs propriétaires comme des cibles pour se faire buter ou piller, souvent des vieilles dames juives qui tenaient à se maquiller chaque matin pour rester présentables devant leur téléviseur et qu'on balançait par la fenêtre après les avoir brûlées.

On s'arrête devant une porte, et je remarque en haut à droite que la mezouza est aux couleurs gays, *rainbow jew*.

Il sonne avant d'ouvrir la porte avec sa clé, il entre comme s'il était chez lui. Il se dirige vers une vieille dame qui regarde un feuilleton à la télé.

Ruben me présente sa tante Rebecca.

Enchanté.

C'est une ancienne publicitaire âgée de quatre-vingt-cinq ans, vieille fille jamais mariée, même pas lesbienne, une sorte de paria, mise à l'écart, ayant perdu une partie de sa retraite car la publicité a depuis longtemps été condamnée, il a fallu punir d'une manière brutale ses anciens créatifs qui ont fait tant de mal à la société, les jeunes travailleurs actuels refusent de les entretenir par leurs salaires proprement gagnés. La réclame, fortement réglementée, subit des quotas qui forcent à une gymnastique intellectuelle assez cadrée pour faire passer indirectement un message de promotion, un peu comme à l'époque des réclames pour boissons alcoolisées. Aux murs du salon, il y a toutes les campagnes dont elle s'est occupée. Du café, des biscuits fourrés au chocolat, des bonbons sucrés (interdits aujourd'hui), des voitures à essence (interdites aujourd'hui), des familles de publicité, souriantes et heureuses de consommer leur pâte à tartiner au chocolat (interdite aujourd'hui), on se croirait dans une caverne aux parois humides qui témoignent d'une préhistoire engloutie.

— J'habite ici, me révèle Ruben un peu timide.

— Tes parents ont appelé aujourd'hui, mon chéri. Toujours la même rengaine, la France leur manque. Moi je dis qu'il ne fallait pas partir. On ne quitte pas son pays ainsi, juste parce qu'on a peur, décrète-t-elle. On est bien ici, on est chez nous entre nous.

— Je ne pourrais jamais vivre entouré de murs, dis-je.

Elle me dévisage, perplexe.

— C'était ça ou la porte, monsieur Conlang.

Il y a un brin de silence. Puis la vieille dame commence à se raconter en détail, la gloire, les trophées à Cannes, les Champs-Élysées, les affiches de papier géantes qu'on collait avec un balai trempé de colle puis qu'on arrachait une semaine plus tard en laissant de jolis graphismes improvisés sur les panneaux, elle se met à citer un tas de slogans qui étaient bien plus percutants que la littérature dont tout le monde se fout.

— Tanty, on n'a pas trop le temps… interrompt tendrement mon stagiaire. Les caméras ont enregistré notre entrée à la porte de Courcelles et M. Conlang n'a pas demandé son visa de visite temporaire. Vu l'état de son mapping, on ne va pas refaire l'histoire de la publicité.

— Je vous suis à la télé, me dit-elle avec un brin d'admiration. C'est terrible les conneries que vous dites.

Ruben rigole.

— C'est ma faute ! Il n'est plus foutu d'écrire un texte !

Rebecca fait apparaître un vieux sac en plastique Franprix.

— Un sac en plastique ! s'émerveille Ruben. Je n'en avais jamais vu !

Interloquée, la vieille lui tend la pochette en peau fripée.

— Elle t'a tout bien rangé à l'intérieur. Il y a même le mode d'emploi.

Ruben en fait jaillir un Nokia 6610, adorable antiquité qu'il faudra adapter aux réseaux actuels.

— Et l'argent ? demande-t-elle. J'ai promis à la veuve Benichou des espèces. Cette dame garde tout. Comme si nous étions éternels. Elle ne jette rien.

Je lui tends la petite liasse économisée de mes anniversaires d'adolescence. Je n'ai rien dépensé, suivant sagement les conseils avisés de mon père obsédé par la disparition annoncée du cash. Elle compte ses billets.

— Ils sont numérotés ?

— Ben oui.

Il n'y a plus beaucoup de billets en circulation. L'élimination définitive est prévue d'ici deux ans, c'est voté. Quelle guigne.

— On se débrouillera, on s'adaptera, dit-elle fatiguée d'avance, je les passerai au gardien. Je vous offre quelque chose ? J'ai une vieille bouteille de gin et un fond de Chivas…

— Pas le temps, fait Ruben. Je passerai vendredi soir te faire kiddouch pour shabbat.

— Merci, chéri. Tu dors à la maison ce soir ?

— Je ne crois pas. Je vais me balader sur les quais de Seine. Et je dormirai au bureau. Ça m'évite d'arriver en retard. Ne m'attends pas.

— Merci, madame.

— Merci pour l'argent, cette chère Huguette, Mme Benichou, vous sera reconnaissante. Son mari, qu'il repose en paix, travaillait chez Total, ils lui ont réduit sa retraite de veuve à cause des nouvelles lois. Moi, ça me manque, l'odeur de l'essence. Je n'ai pas peur de le dire. Vous vous souvenez, Conlang ? Sans doute pas, vous étiez petit. Quand on faisait le plein pour partir en vacances ou en week-end à Deauville. Ça n'a pas d'odeur, l'électricité.

Enfin, faut arrêter de se plaindre. C'est condamnable de geindre sur son passé perdu... Chez nous, on apprend à se réjouir.

Nous nous dirigeons vers l'ancien Aubervilliers, à l'entrée de la Zone du développement universel. Ici les populations à intégration prioritaire ont été concentrées afin qu'elles puissent s'épanouir librement hors de la pression des nationaux qui maîtrisent parfaitement tous les codes et usages du savoir-vivre. Le Territoire autonome de Marseille a refusé de les accueillir car ils n'étaient pas clairement définis dans leur attachement religieux, ils sont un peu des apatrides de la foi ou de la nouvelle laïcité, le réchauffement n'est pas franchement leur souci premier, ils vivent dans un entre-deux qui dérange tout le monde.

Bien entendu les services de l'État y sont considérablement réduits, voire absents. Il n'y a pas besoin de visa pour y pénétrer. L'armée ceinture le périmètre, les drones et les caméras assurent la sécurité pour l'extérieur. Mais cette surveillance exacerbée est un peu inutile car la criminalité à l'intérieur de la zone est inexistante, ce qui pose question aux experts. Ça grouille de partout et les parfums de la rue sont un mélange d'épices orientales et de tabac interdit. Beaucoup d'adultes hors zone y viennent la nuit pour griller une cigarette, ça leur rappelle l'adolescence. Ils n'ont pas peur des détecteurs de consommation de tabac qu'on leur passerait sur le corps en cas de contrôle aléatoire à la sortie. Ces zones ont le don de déresponsabiliser. Le citoyen sous pression en ressort en se fichant de tout, un sourire indéfinissable aux lèvres. Le législateur les tolère, c'est comme pour la viande. Même s'il en a peur, l'être humain a besoin d'un peu de flou dans sa vie.

Un jeune issu de l'immigration d'Afrique du Nord m'accueille en héros. Monsieur Conlang, on vous kiffe tous ici. Apparemment ils se débrouillent pour recevoir les chaînes de télévision officielles. Il nous conduit dans la rue des bazars. On se glisse dans une boutique qui vend des seaux en plastique et des étoffes en matières non recyclées, interdites à l'extérieur. Je tends mon Nokia au jeune homme qui disparaît dans l'arrière-boutique.

Ils en ont pour quelques heures, dit-il d'un air rassurant en revenant. Je sais que vous n'êtes pas patient, monsieur Conlang. Il va falloir l'être. Le téléphone est en très bon état, c'est déjà ça.

Il me tend sa main pour que je tope alors je tope un peu maladroitement. Tous les jours, il naît de nouvelles façons de toper. Je ne suis pas trop fluide dans ce genre de gestuelle, peut-être parce qu'elle implique une confiance envers l'autre que je n'ai pas vraiment.

— Pourquoi tu ne vis pas à l'extérieur toi ?

— Parce que j'aime bien ici. Je suis né en France, enfin à l'extérieur de la zone, mes parents aussi, ils se sont déclarés de la nouvelle laïcité, mais franchement, on m'emmerde pas ici. J'aime bien rêvasser. Je kiffe. Je vais de temps en temps à Paris. Mon père travaille au ministère de la Responsabilité Carbone, mais je me sens vraiment moi-même ici, je respire mieux. Avant, je voulais tout le temps me suicider, malgré les antidépresseurs. Là, ça va mieux.

On me fout la paix. Y a pas la pression. Je ne supporte plus la pression. J'ai eu mon bac avec mention, mais j'ai calé niveau études. Je dors bien ici. C'est si bon de bien dormir. Je me réveille tard. En plus tout est brouillé. Y a ni wifi ni fibre, on capte tout mal. On apprend à vivre avec une mauvaise réception des ondes, il n'y a aucun service public, l'eau distribuée par camions-citernes une fois par mois, c'est à nous de la filtrer pour la rendre potable, on se démerde, on se fie à son instinct, on n'a pas peur de regarder l'autre dans les yeux, on décode les sourires comme on a envie, c'est vraiment cool.

Tous ces objets d'un passé obsolète et qui s'échangent avec précaution ont l'effet d'alourdir mes paupières. Beaucoup de jerricans en plastique (interdits), des sèche-cheveux (évidemment interdits), des oiseaux multicolores dans leurs cages rétros (interdits). L'ambiance de troc bon enfant m'apaise. J'en profite pour faire une sieste sur un banc, entre deux étals de Nike et d'Adidas années 2000-2020 qui valent de l'or à cause de leur semelle en caoutchouc synthétique compensée, on n'en trouve plus depuis la faillite des industriels du sport. Symboles d'un capitalisme abject, ils ont été soumis de force à l'égalité parfaite entre le Sud et le Nord, l'Est et l'Ouest par de nombreuses lois sociales et environnementales. L'interdiction totale de la matière synthétique issue de la pétrochimie a eu raison de leur formidable fortune, ils n'avaient rien vu venir. Le Viêtnam ou l'Indonésie, encore nostalgiques de leurs vieilles usines qui tournaient à plein régime, écoulent doucement d'anciens stocks dont le recel est aussi condamnable que celui de l'ivoire des défenses d'éléphants, un animal préhistorique que l'on trouve encore dans certains musées, en version empaillée ou 3D. Inutile d'espérer dénicher les tailles 43 à 44, elles sont épuisées.

Je n'ai jamais aussi bien dormi.

— Voilà le Nokia. Vous gardez votre numéro mais vous êtes devenu invisible, comme effacé, et tous vos appels passent par le Ghetto des feujs, ils ont des serveurs exclusifs qui ne tournent pas le samedi. Ici, on passe tous par eux. Une journée sans téléphone, c'est cool, on s'y fait. Bonne chance pour votre procès.

— Quel procès ?

Le jeune homme échange un regard amusé avec Ruben.

— Vous croyez encore au secret, monsieur Conlang ?

— Il faut juste trouver le bon pare-feu, non ?

— Qu'est-ce qu'on vous kiffe !

Ils se mettent à rire comme si j'étais un clown.

— Attendez, j'ai un cadeau.

Il me tend un tee-shirt blanc 100 % coton emballé sous cellophane. Il est neuf, jamais porté.

— Vous allez kiffer.

Je teste le nouveau téléphone en appelant ma mère. Elle hurle au téléphone. Je la dérange. Je n'ai pas le temps de te parler, il y a eu un attentat dans un train, je dois me rendre sur place. Appelle ton frère sur-le-champ, il n'arrête pas de pleurer, tu lui gâches tout. Pourquoi tu nous fais ça ?

Je lui réponds en bégayant, ma voix se désorganise, en fait à sa guise, mène sa vie, la gorge se resserre ou se dilate, rien n'est plus contrôlable, un peu de tenue, Conlang, et pourtant tout part en vrille, pourquoi elle me fait cet effet, maman, je ne parviens pas à redresser la tête, c'est désolant, rien n'y fait, n'y fera.

J'appelle aussi Sam, qui ne répond pas.

Je rêve de me laisser pousser les cheveux, ces coupes à la garçonne m'ennuient, bien qu'elles soient respectueuses de la planète. J'ai retrouvé un vieux sèche-cheveux de voyage dans mes affaires, je vais chérir mon petit Calor, peut-être qu'un jour il y aura une dérogation pour les femmes d'un certain âge. Évidemment à l'aune de ma position, je dois montrer l'exemple, mes rêves, je les garde pour moi. Parfois, j'aimerais devenir une vieille clocharde, pour errer librement dans les rues, être désignée du doigt par la population bien-pensante, on leur pardonne tout à ces pauvres femmes, c'est si délicieux le pardon. Devenir folle rien que pour retrouver le plaisir des cheveux longs de ma jeunesse, même crasseux. Ma mère me les brossait pendant des heures, ils avaient tendance à faire des nœuds. Cette nouvelle loi sur les salles de bains communes me terrorise. Moi qui aime rester seule face au miroir à observer mon corps qui vieillit doucement. Le monde change si vite.

Je devrais déchirer cette page. Elle est dangereuse. Ne jamais me laisser aller à la nostalgie. Jamais je ne briserai cette règle. Je suis une femme libre résolument tournée vers l'avenir et qui accepte toutes les lois de nos chers députés qui travaillent si dur à notre bonheur et à la préservation de la planète.

Ton manque d'espoir me désole. Je ne réussis pas à te convaincre que la vie est belle et que l'époque que nous vivons est merveilleuse. Ce n'était pas mieux avant, et demain sera toujours mieux que maintenant, j'en suis convaincue. Je suis une femme fière de ses réussites et j'aime le pouvoir que j'ai gagné par mon travail, mon talent et mes études. Et un brin de chance évidemment. Tu es né avec ce regard triste, tu pleurais beaucoup, tu ne voulais jamais aller à l'école. L'idée de te retrouver avec les autres te faisait mal au ventre, tu t'en tordais de douleur. J'étais en retard, on m'attendait au bureau. Tu me suppliais de rester. Toi et moi. Enfermés. C'est tout ce que tu as toujours souhaité pour nous. Tu me voulais rien que pour toi et je te l'avoue, j'adorais ça, cette dépendance totale à mon égard. Je finissais par te traîner devant la maîtresse pour que tu apprennes quelque chose de la vie, de la culture, du savoir et voilà ce que tu es devenu. Je ne comprends pas. Tu aurais pu être un grand homme, si j'étais restée avec toi la journée, peut-être, je ne sais pas. Mais j'avais besoin de conquérir le monde, de me dépasser et de dépasser les autres, il y a tant de médiocrité autour de moi. Je ne supporte pas la tienne. Ne m'en veux pas. Tu es mon fils.

Les bordels mixtes sont en fonction depuis des années. Le législateur a été assez intelligent pour autoriser à nouveau ces maisons, à la seule différence qu'un représentant de l'État y officie à l'entrée comme à la sortie.

Le fonctionnaire reçoit le citoyen esseulé ou en demande, lui ouvre un dossier, scanne son visage, scrute sa carte d'identité pour vérifier l'âge, le mapping et les données médicales. Il s'occupe aussi du linge propre ainsi que des certificats de vaccinations des prostitué(e)s, appelé(e)s officiellement "auxiliaires d'épanouissement", des tests de santé des utilisateurs et des fournisseurs. Notre société dans son ensemble tient sur l'existence de ces "maisons d'épanouissement". Les associations sont satisfaites, notamment celles pour le droit à la prostitution. On peut baiser tranquillement sous l'œil et la bénédiction du législateur consentant. On y trouve ce qu'on souhaite selon ses goûts et ses fantasmes. Pour se prostituer, il faut une autorisation du ministère de la Santé. C'est assez difficile à obtenir. Il y a un numerus clausus, la situation est assez enviée. Heureusement que la limite d'âge de trente-cinq ans permet un renouvellement de la profession, il faut attendre une année pour obtenir son autorisation d'exercer et passer d'abord par une formation obligatoire. La prostitution est encadrée d'une façon stricte et sévère, elle rapporte à l'État une tonne de taxes, personne ne s'en plaint. Une assistance psychologique du style client/fournisseur est obligatoire. Elle est dispensée dans un bureau réservé, il faut y passer, après l'acte de jouissance, afin que le psychologue puisse mesurer l'équilibre et la satisfaction du client et de son fournisseur, le prostitué doit aussi y trouver son épanouissement. L'agent de l'État donne alors un bon de sortie. Il est courant d'attendre des heures ce laissez-passer car des clients mal à l'aise ne trouvent pas les mots justes pour justifier leur fréquentation de ces maisons. L'agent de l'État a l'obligation de consigner ces informations sur le dossier individuel. C'est parfois difficile de discourir simplement sur un besoin animal urgent et vite oublié. Mais c'est la loi et nous devons tous la respecter, trouver les mots justes. L'acte a pris cinq minutes, obtenir son bon de sortie peut prendre des heures. On finit par se faire des amis en attendant de passer devant le fonctionnaire. C'est plaisant d'échanger sur la pluie et le beau temps, telle pute ou telle pipe, ce genre de conversation inutile et sans but est en voie de disparition tant nous sommes terrifiés par leur apparente légèreté. Il faut du sens. Toujours du sens.

— Alors, me demande Anne Gentil, vous avez avancé ?

Je n'ai appelé personne. Je ne me vois pas m'excuser auprès de ces gens qui se sont retournés contre moi à cause d'une phrase malheureuse prononcée quand j'étais à moitié bourré.

— Avez-vous une preuve concernant votre état d'ébriété ?

— Comment ça, une preuve ?

— Pourriez-vous contacter l'organisatrice du dîner pour lui demander combien de bouteilles ont été consommées ce soir-là ? Des souches de carnets d'alcool ? La justice ne croira jamais à votre excuse alcoolisée si elle n'est pas étayée. La consommation récréative a chuté de 80 % depuis la loi. Je ne vois pas les convives se ramener avec leur bouteille de vin. C'est bien trop précieux. Plus personne ne fait ça.

— C'est moi qui ai apporté les bouteilles.

Elle note sur son écran qu'il faudra demander les relevés d'achat du mois. Chaque citoyen a son relevé d'achat qui permet à l'État et aux différents instituts de statistiques de mesurer en direct la consommation et donc la santé de l'économie nationale et celle de notre corps.

Mon avocate me propose deux carnets de dix tickets de viande contre un carnet d'alcool dont le cours s'est envolé hier car une rumeur sur l'interdiction pure et simple s'est soudain répandue, alimentant la panique chez les consommateurs.

— Moi je ne sais plus quoi faire des carnets de viande, mes clients me les refilent en guise d'honoraires. On se partage une bière, si vous préférez.

La bière est rare car les associations accusent ce délicieux liquide de conduire à la destruction de l'homme et de son intégrité. Cette capacité infinie à mener des luttes et combats indispensables à notre bien-être devient pénible. Nous n'avons pas le droit de nous détruire. Aucune négociation à ce sujet n'est possible. Même le suicide est puni très sévèrement, il vaut mieux réussir son coup.

— J'ai appris par une source au tribunal que vos enregistrements sont accablants.

Elle se gratte l'oreille et profite de l'occasion pour retourner à son sujet favori.

— J'ai tellement envie de faire l'amour ! dit-elle en me scrutant. Je n'en peux plus de fréquenter les bordels. J'aimerais qu'on m'aime vraiment, pour moi. J'ai besoin de romantique, d'inconnu, de mystère, de drague, d'angoisse de l'attente d'un coup de téléphone, d'une main qui tremble sur mon corps, d'une bite dure en érection me caressant le visage, tous les mecs bandent mou, même dans les bordels. Je les fréquente trop, je m'y perds, mais je ne supporte plus l'attente pour obtenir le bon de sortie, soupire-t-elle. Vous bandez comment, vous ?

À nouveau, je crains la question piège. Je toussote, lui tends un ticket d'alcool pour faire diversion.

L'entretien avec l'avocate n'a pas grande logique, mis à part l'annonce de ses sentiments à mon égard. Elle ressent quelque chose, mais tente d'en esquisser une définition précise. Je n'écoute pas. Elle décide que je n'ai pas une tête à bander mou. Je lui fais quelque chose. Elle a besoin de ressentir une émotion pour mieux me défendre.

— Recontactez les convives, implorez leur clémence. Les gens ont bon fond, vous savez. Un homme qui demande pardon, ça finit toujours par émouvoir. Mettez-vous à genoux, s'il le faut. Ne retenez pas vos larmes, c'est si émouvant, un homme qui pleure.

Si papa pouvait l'entendre.

Bébé-cactus, tu rêvais d'une maman gâteau, que je sois conforme aux images idylliques que tu découpais dans les publicités des magazines et les calendriers distribués par les églises en fin d'année, une mère en "sainte" exclusivement dévouée à ton bien-être. Tu n'as jamais rien compris aux femmes. D'ailleurs celle avec laquelle tu as choisi de vivre aujourd'hui traduit toutes tes peurs et tes phobies. Une femme enfant qui te conforte dans ta paresse et ton refus de grandir, une femme qui n'exige rien de toi, mis à part ton soutien et ton écoute indéfectibles. Comment supportes-tu la voix si monocorde de cette jeune fille qui ne m'inspire pas confiance, je te le dis. Ne te lasses-tu pas d'écouter ses états d'âme si prévisibles ? La jeunesse n'apporte rien, mis à part le rejet et la trahison.

Pourquoi aimes-tu offenser. D'où puises-tu ce petit courage minable, cette stupide inconscience qui prétend prendre des risques. Tu as toujours été lâche, tu n'as jamais su te battre, à la différence de Benjamin qui cognait avant de comprendre. Tu es un vieil enfant qui pleurniche encore, c'est si désolant.

Je ne souhaite plus t'aider, j'ai tant à faire pour me sauver moi-même, jamais je ne me noierai dans les eaux tumultueuses du doute et de la remise en question, jamais. Toi, on dirait que la vision du précipice t'enivre et t'excite, comme une façon d'en finir avec tout cela, tu me fais peur, recule de quelques pas, reviens à la vie. Le suicide est interdit, tu sais bien.

Tu aimais le cinéma, la littérature. Prends ton courage à deux mains et remets-toi au travail en dépit de l'éreintante censure des bonnes âmes. Tu y trouveras ton bonheur. Tu avais du talent. Pourquoi as-tu abandonné ?

Elle me raccroche au nez. Elle m'avait encouragé à venir à ce dîner, Ça sera convivial, tu verras, Philippine tient beaucoup à ta présence, tu ne peux pas refuser. Victoire est dans la mode, le recyclage, tout ce qui touche au textile et à la planète, on s'était connus par Fabien, qui lui demande souvent des conseils vestimentaires au sujet de ses relookings à répétition. Victoire est souvent tiraillée entre le désir d'acheter clandestinement du neuf et celui d'imaginer de nouvelles façons de recycler du vieux. C'est une bonne âme suiveuse terrorisée à l'idée d'un faux pas. Je déteste tes chroniques, me dit-elle souvent, mais elle n'en rate jamais une.

J'appelle Philippine. Je la dérange. Elle est au ministère de la Responsabilité Carbone, en pleine réunion d'organisation de la journée du jeûne. Toujours un succès pour elle. Elle trouve une seconde pour me hurler dessus, et raccroche en criant, Tu n'as pas honte. Philippine m'en veut car je lui ai dégradé son mapping et foiré sa réunion amicale qui s'annonçait pourtant comme une parfaite réussite sans anicroche, il est de plus en plus casse-gueule de rassembler des amis et de ne pas s'ennuyer à cause de cette peur qui nous tenaille tous, cette phobie chronique de l'écart et des enregistrements. Je la rappelle et je lui demande très vite de retirer sa plainte, S'il te plaît, je te présente mes excuses, j'étais saoul, au nom de l'amitié, je n'aurais pas dû apporter ces bouteilles de vin sans ton approbation. J'en bafouille tellement je débite les mots avec précipitation. Mais elle raccroche avant ma phrase finale (Je vous aime tous), je ne sais si elle a capté ma supplique. J'envoie péniblement un SMS d'excuse avec le Nokia. Elle répond : Ton attitude a toujours été suspecte. Assume le procès. Si tu es innocent, tout ira bien. Elle ajoute un smiley clin d'œil que je ne parviens pas bien à interpréter.

J'appelle Franck. Il hésite à me parler. Ils ont tous les enregistrements, ils ont été communiqués au procureur le soir même. C'est fini pour toi. Tu nous as tous foutus dans la merde, enfin surtout nous, les mecs, comme si on avait besoin de ça, le dîner se passait très bien, il n'y avait aucun débordement, on s'emmerdait comme il fallait, tes bouteilles de vin étaient délicieuses, on était contents. T'es vraiment un connard, me dit-il. Retirer ma plainte ? Non évidemment, fait-il. Tout lui paraît toujours évident. Mon contraire. Je ne peux rien pour toi, ajoute-t-il d'un ton solennel. Franck est graphiste. Il se réfugie derrière les traits de ses héros de bandes dessinées qu'il crée sans effort. Ça marche plutôt bien pour lui. Ses histoires sont insipides et ne dérangent personne, à quoi bon déranger, son trait est superbe, ça lui apporte une certaine reconnaissance sociale et professionnelle. Cependant, il est jaloux de ma petite notoriété qu'il juge imméritée.

Je ne pourrais le contredire sur ce point. Je suis devenu plus dangereux qu'un de ses héros, il préfère raccrocher, il m'aime bien pourtant, ajoute-t-il, me souhaite bonne chance. Tout ira bien.

La gentillesse obligatoire pollue nos âmes.

J'appelle Erica. C'est une fille plutôt joviale, elle ne travaille pas, famille nombreuse, un mari banquier d'affaires qui était aussi présent au dîner. Tellement bourré qu'il avait préféré se taire, ne rien dire de peur de lâcher une obscénité, de peur de tout perdre. Une vie aux chiottes d'un coup de langue. L'indulgence pervertit l'homme. Il faut punir. Nos vies à points sont ainsi constituées.

Erica revendique son statut de mère de famille. Ils ont neuf gamins parfaitement élevés. Huit filles et un garçon roi. Le dernier. Nous voulions un fils. Bien que le choix du sexe soit possible depuis des lustres, ils ont préféré s'en remettre secrètement à Dieu, les lois strictes imposant la nouvelle laïcité ne leur font pas peur. Malgré les recommandations du ministère de la Responsabilité Carbone encourageant les familles à enfant unique, ils ont choisi de braver la vindicte populaire et de payer les lourdes taxes sur la mise au monde irresponsable d'un enfant supplémentaire. Le temps des allocations familiales dont parlaient mes grands-parents, les yeux humides, contribuait scandaleusement au réchauffement climatique et à la pollution engendrée par l'homme. Les inondations diluviennes et les terrifiantes sécheresses à rallonge ont marqué la fin de l'innocence. Erica et son mari se cachent pour exprimer leur foi, ils fréquentent des églises clandestines organisées en sorte de réunion Tupperware (interdit) chez d'autres croyants. On prétend s'y réunir pour débattre des nouvelles urgences climatiques et de la fonte des glaciers. Ils aiment l'idée de ne pas décider du sexe de l'enfant, l'attente du garçon leur a coûté très cher, ça les rend quand même attachants aux yeux de tous, c'est un peu leur unique forme de rébellion, ne pas choisir et s'en remettre à Dieu.

La majorité des couples préfèrent avoir une fille, moins compliqué, moins dangereux, le nombre des garçons a baissé de façon spectaculaire, le législateur tente régulièrement de rétablir l'équilibre, les associations féministes crient au scandale et à l'intolérable régression. C'est une expression de la liberté de chacun de choisir le sexe de son enfant, et si la majorité souhaite des filles, qu'il en soit ainsi. Une société à forte majorité féminine ne devrait déranger personne. De toutes les façons, la reproduction et la pérennité de la société sont assurées par les banques de sperme dont les stocks sont parfaitement gérés. Il appartient à l'autre sexe, nous, de convaincre les couples d'opter pour un petit garçon turbulent, coupable et forcément hyperactif, mais en matière de promotion et relation publique, le genre masculin est nul, il se trimballe une culpabilité qu'il est difficile de vaincre. Les hommes sont devenus des chiens tenus en laisse télescopique, il faut les sortir deux fois par jour pour leurs besoins puis vite les rentrer avant qu'ils n'aboient ou ne mordent. Je pense qu'Erica va me raccrocher au nez, mais elle est étonnamment ravie de me parler. En fait, elle s'emmerde toute la journée à éduquer ses neuf gamins si polis.

Elle prend sa voix de bonne sœur et me demande si je vais bien.

— Ce n'est pas trop dur ?

— Si quand même un peu. Ce procès me tue.

— Dieu t'aime, n'oublie pas, chuchote-t-elle. Rien ne peut t'arriver que tu ne puisses surmonter ! Dieu t'aime, Alain Conlang. Tu n'as pas dit ces mots horribles par hasard. Ton corps a parlé à ta place, c'est merveilleux. Tu es un homme libre qui assume ses pensées.

— J'étais saoul, merde. Je n'ai jamais travaillé pour une bonne femme, comment pourrais-je même savoir si c'est un cauchemar ou non ? Pardon. Je suis très fatigué. Je craque. Tu m'enregistres ?

— Je comprends. Qu'est-ce que je peux pour toi, mon cher Alain, fait-elle pour élargir le champ de la conversation.

J'entends ses gamines qui chantent une comptine, j'ai envie de pleurer car je connais les paroles par cœur et leurs jolies voix me replongent dans le passé, ce dont je n'ai pas envie pour l'instant, je dois penser à mon avenir, ma liberté.

— Retire ta plainte. Et ton mari, qu'il retire aussi sa plainte.

Long silence. Long soupir.

— Tu sais, poursuit-elle, nous t'aimons beaucoup. D'ailleurs tes chroniques à la télévision nous font hurler de rire.

— S'il te plaît, retirez votre plainte.

Toujours très poliment :

— Nous avons beaucoup d'admiration pour ta mère. Une très grande dame. Une grande professionnelle.

— Je t'en supplie, Erica. Réponds-moi. Retirez votre plainte.

— Et la transition de ton frère. Tu dois être si heureux pour lui. Alain Conlang, je dois te laisser, tu sais, une grande famille est source de joie mais aussi de beaucoup tracas.

Elle raccroche.

Je n'appelle pas mon cher Fabien. Je n'aime pas le torturer. Il est fragile.

Je n'appelle pas Sabine, elle veut ma peau à cause de mon film sans femmes, c'était un exercice de style qu'elle n'a toujours pas gobé. Mes poumons suffoquent à l'idée de l'affronter. Chacune de mes expirations sera retenue contre moi. Qu'ils crèvent, tous ces petits commissaires du peuple. Qu'ils crèvent dans le jus de leur bonne conscience. Je ne le boirai pas.

Je suis avec Benjamin aux Galeries, département Transgenre. Le grand magasin a été contraint d'ajouter cet étage suite à la levée de boucliers des associations et aux menaces du législateur en cas d'inaction de la part du célèbre établissement. Il sera bientôt suivi par le Printemps et le Bon Marché qui n'ont pas encore trouvé l'espace nécessaire, il faudrait bouger un étage dédié aux femmes, ce que les associations féministes refusent. Aux Galeries, ils ont tout simplement viré les gamins et les jouets. Pour les étalagistes et décorateurs, la conception de l'étage est un peu hasardeuse, mais le rayon a le mérite d'exister, finalement, à la satisfaction de tous. Les petits garçons peuvent enfin rêver à devenir des filles et les filles des garçons. Les mannequins portent bites et seins pour ne priver personne. Mon frère s'émerveille devant les robes qu'il trouve appropriées pour sa taille de géant.

— Alors ce procès ?

Il plaque une robe scintillante contre son buste trop large, encore trop masculin. Mon frère avait un corps parfait. Champion de natation et de biathlon, il faisait la fierté de mes parents, il a hérité de la morphologie de mon père, et de l'intelligence de ma mère, moi je n'ai hérité de rien, les muscles et la tête me résistent. Son corps est une œuvre d'art sur laquelle chacun peut bander et se branler à sa guise. Au lycée, il était très populaire mais n'en a jamais tiré profit. Il n'a pas eu besoin de passer par l'Algorithme pour trouver sa femme. Les beaux épousent aussi des moches, c'était son choix. Ce corps parfait et sa tête bien faite l'ont mené à toutes les réussites. Ce corps masculin n'en pouvait plus de ces regards admiratifs qui allaient bientôt se faner. Benjamin ne veut pas finir comme mon père. Sa transition est un formidable aboutissement. Devenir une femme est reconnu comme un acte de la plus grande noblesse de la part d'un homme. Le don ultime au progrès de l'humanité.

— Tu ressembles à Tata Marguerite.

Je grince un peu, incertain de sa réaction. Mon frère hurle de rire, à la manière d'une grande folle qui a besoin que l'étage entier assiste à sa joie.

Il étend le bras et m'attire à lui.

— Je ne me lasse pas de ton humour. Tata Marguerite. Tu es une vraie peste ! me dit-il ou elle.

— Je ne pourrai pas venir à la clinique, dis-je d'un air désolé.

Benjamin balance violemment la robe en direction de la vendeuse qui la rattrape au vol et va automatiquement la ranger. Vendeuse, vendeur, ce métier ne sert plus à rien mais les gouvernements n'ont trouvé aucune alternative pour recaser ces milliers de salariés désœuvrés et sans formation, la loi imposant un chômage en dessous de zéro. Les caisses et leurs caissier(e)s ont disparu depuis longtemps puisque les paiements se font par intelligence artificielle avec l'assistance de caméras, senseurs et autres mouchards. Pour des renseignements, on scanne le code sur l'étiquette. Ainsi, on peut se taper des heures de lecture encyclopédique : au sujet du bilan carbone ou de la composition de la matière vendue, la méthode de recyclage, l'indice de démangeaison, les colorants naturels utilisés, l'histoire de chaque fibre, du village dont elles sont issues et de l'ouvrier ayant taillé, façonné ou cousu l'article, le nombre d'enfants qu'il nourrit, la famille qu'il élève, sa maison, bref, l'acte d'achat est hautement documenté pour qui a le temps de lire. Pour finaliser l'emplette, il suffit juste de cocher la case certifiant que nous avons bien pris connaissance de l'identité et de la vie de l'ensemble des ouvriers ayant participé à la fabrication du vêtement, une manière de reconnaissance qui réconforte tout le monde.

— C'est un moment tellement spécial pour moi. Fais un effort, je t'en prie. Je serais si heureuse de t'avoir à mes côtés.

— J'ai la phobie du sang. Je m'évanouirais sans doute et je ne supporterais pas de casser l'ambiance de l'opération.

— J'achète ou je loue ? Regarde comme ils sont adorables !

Benjamin me montre la photo sur son téléphone de la famille de l'ouvrier qui a travaillé sur une parure en soie dont il caresse la matière.

— Je n'ai pas envie de louer. Tant pis, je paierai la taxe de propriété… S'il te plaît ! ajoute-t-il.

Il me prend dans ses bras et me couvre de baisers.

Je ne supporte pas le contact de ses lèvres pas encore refaites sur ma peau. Il s'asperge d'un parfum trop féminin que sa chair même gorgée d'hormones rejette en le faisant tourner, mais lui s'obstine et ne lâche pas, sa peau finira par se soumettre à son choix.

— Ton soutien durant ma transition ne pourra qu'émouvoir les juges. Tu seras mon témoin administratif. On prendra plein de photos, tu leur montreras, ton dossier n'est tellement pas solide. Je ne veux pas te voir pourrir en prison pour ce dîner stupide et cette phrase irresponsable. J'ai besoin de toi, frérot. Te savoir derrière cette vitre à la clinique sera un vrai réconfort.

C'est bien la première fois qu'il a besoin que je le rassure. Il dépose un dernier baiser poudré sur mon front. Il sent aussi l'eau de Javel, c'est étrange. C'est peut-être moi.

Un recommandé par voie de poste m'a réveillé ce matin. J'ai sursauté. Le facteur, un type assez joyeux, me tend le pli, l'expéditeur est facilement reconnaissable : le tribunal. Je signe le reçu sur son écran qu'il m'arrache d'un coup et disparaît.

Bonne chance, monsieur Conlang ! lâche-t-il.

Je referme la porte doucement, de peur de réveiller mes voisins, ils ont sans doute entendu le facteur.

Mon cœur bat à tout rompre. Le courrier par voie de poste est assez rare, réservé aux missives importantes.

Je m'assieds, je manque d'air.

Je suis convoqué la semaine prochaine à 8 heures du matin. Je n'aime pas me lever tôt.

Sam serait venue s'asseoir près de moi pour me caresser la nuque. Ne t'inquiète pas, je te suivrai jusqu'au bout, tu es ma vie, aurait-elle dit.

Je me serais effondré en pleurs dans ses bras. Je ne veux pas aller en prison.

Je parviens à me rendormir malgré la terreur qui m'envahit, et me réveille au milieu de l'après-midi. Ruben n'arrête pas de sonner. Je décroche. Vous êtes où ? On vous attend. L'enregistrement est prévu dans une heure.

Je ne fais pas ma toilette. De toutes les façons, je n'ai plus de crédit d'eau, j'ai tout cramé en une seule douche au début du mois, qui était délicieuse. Le métro est toujours aussi pourri. Les écrans géants diffusent des réclames responsables et des extraits de films américains avec explosions à répétition ainsi que des portraits officiels des condamnés du mois accompagnés du motif de leur incarcération. Bientôt ma tête aux côtés des derniers blockbusters ? Le métro est si lent. Les rames datent des années 2000. Elles ont été retapées mais tout à l'intérieur vibre d'une façon inquiétante, on dirait que le wagon va s'effriter d'usure et de fatigue, un peu comme moi en ce moment.

Les voyageurs s'entassent. Les quais sont bondés, on parvient péniblement à avancer, mais le ticket est gratuit, cadeau de l'État, de la ville et de la région qui n'ont plus d'argent pour réparer le réseau. Des pannes paralysent souvent nos déplacements et nos vies. Nous arrivons souvent en retard ou abandonnons le trajet en chemin. Nous remontons à la surface, trouvons un vélo tout aussi gratuit mais souvent délabré. On arrive enfin. Le citoyen s'est accoutumé à marcher, des heures et des heures, c'est bon pour la santé, ça n'en finit pas, je préfère rester à la maison, j'emmerde les ligues de protection de mon cœur.

Épuisé, j'arrive enfin aux studios d'enregistrement. Les couloirs sont tapissés d'énormes écrans qui diffusent les images des vedettes de la chaîne. Je vois mon visage apparaître. J'ai l'air plus jeune, moins usé. Mon sourire est étrange, je ne sais s'il traduit un brin de cynisme ou de satisfaction. Nous sourions tous, nous sommes les heureux gagnants de la vie, la joie de travailler dans l'audiovisuel nous comble. Cette industrie ancestrale fait encore rêver les losers.

Ruben me claque une bise.

— Qu'est-ce qui te prend ?

— Je suis si content de vous voir. J'étais très inquiet.

Il me serre dans ses bras puis me tend l'écran sur lequel apparaît la chronique qu'il a rédigée pour moi. Il n'a pas perdu son style piquant qui vaut de l'or : des textes qui ne dérangent pas mais qui apparaissent comme subversifs. Il parle de chats, de chiens, de lapins en fuite, des vieilles dames qui prennent des escalators sans tenir leur droite, des dernières avancées numériques, de la bouffe reconstituée, du manque d'eau potable, il parle des petits trucs du quotidien facilement identifiables par mes fans. Aujourd'hui, il a écrit sur les dreadlocks interdites aux humains non originaires d'Afrique, avec une conclusion sur les sushis qui ont retrouvé leur fierté car dorénavant réservés uniquement aux chefs d'origine japonaise directe ou indirecte, un parent même éloigné suffit. C'est drôle, mais un peu poussif, presque prévisible. Mais il est jeune, il connaît mon public. Ça marchera sans doute. Je choisis de le féliciter pour ne pas le décevoir. Puis je m'effondre en larmes.

Son parfum de fraises m'apaise. J'ai besoin d'un contact humain doux et compatissant, qui d'autre que lui aujourd'hui ? Il ne sait comment réagir à cette Effusion Émotionnelle Non Expliquée (EENE). Il décide de me tapoter l'épaule, comme si ça pouvait me remonter le moral. J'ai besoin de Sam. De me blottir contre elle. Comment a-t-elle pu m'abandonner, comment ai-je pu vivre à ce point dans le fantasme. Je n'ai pas su la retenir. Je dois améliorer mon mapping sinon je me perdrai moi-même.

Les open spaces ont bouffé nos vies et notre intimité. Cette volonté de transparence et d'échanges obligatoires a fait de nous des petites souris apeurées qui fuient au premier regard. Je n'ai envie de voir personne, de ne parler à personne, qu'on me fiche la paix, ils savent tous déjà, mon procès a sans doute occupé leurs conversations du matin.

Nous trouvons un espace de confidentialité dont l'emplacement au fond d'un couloir n'a pas autorisé la pose d'un vitrage transparent. Pour une fois les murs obscurs ont du bon. Cette salle qui ressemble à une cave est toujours occupée. Les salariés en raffolent parce qu'elle manque de lumière. Ils s'y sentent libérés, soulagés, on y fait souvent la sieste. Certains disent même qu'on y baise. La salle sent le foutre et le renfermé. Certains espaces échappent à la volonté farouche de l'homme de vaincre les caprices de son environnement.

— Je n'en peux plus, Ruben, je craque. J'ai vraiment peur.

Je lui tends ma convocation papier – la loi exige que je la porte toujours sur moi jusqu'à réception d'une nouvelle convocation.

Il lit.

— Nous avons une chronique à enregistrer ! Allez, patron, on doit se battre ! Rendons leur fierté aux sushis !

J'adore qu'il m'appelle patron.

“Salut les potos. Pourquoi j’ai la nausée ? Ce n’est franchement pas normal. Nos vaillantes autorités font tout pour nettoyer, lisser, effacer nos aspérités, rendre nos vies plus saines et joyeuses, mais ça continue, j’ai comme un sale goût au fond de la gorge. Je ne bois pas assez d’eau, peut-être ? Elle est si précieuse, je fais attention, chaque goutte compte, j’ai l’impression de toujours sentir mauvais tellement je zappe les douches. Une sucrerie ferait l’affaire. Mais on n’en trouve même plus chez les antiquaires. Les bonbons, les sucettes, ah les vieux souvenirs de mon enfance, fabrication interdite, t’as rien connu, je te dis. Les chéris, j’ai une idée : je propose la journée mondiale du sucre. On aurait le droit de s’empiffrer, de redécouvrir les goûts acidulés, oui, oui, pas top pour la santé, très mauvais pour les dents et le diabète, mais si doux pour la gorge et l’esprit. À la journée du sucre, on pourrait coller la journée mondiale de l’intelligence naturelle. On essaierait de vivre sans suggestion de la part de l’Algorithme. Juste un jour. Ce n’est pas une critique, j’en suis dingue de notre Algogo d’amour, mais j’aimerais une fois qu’il sèche comme moi, qu’il ne sache plus quoi me proposer, qu’il ne trouve aucune réponse à mes hésitations. Hésiter, c'est quand on ne sait pas quoi choisir. C'est aussi doux que le sucre. J'aimerais pour une fois que tu puisses regarder une fille ou un gars droit dans les yeux sans risquer ta peau. Tu hésiterais. Puis tu passerais à autre chose, tu te serais pas décidé(e), tu serais reparti(e) déçu(e) et bredouille, voire perplexe, si tu as de la chance. Tu verras, c'est bon de se perdre de temps en temps, de se retrouver le cœur triste. Les chéris, vous avez le droit de pleurer, je n'arrête pas de vous le rabâcher ! Ça ne polluera pas l'eau des rivières, pas de panique ! Pourquoi t'as si peur de tes larmes. Elles sont bien plus précieuses que la flotte qu'on n'arrête pas de purifier. Les bonbons pour adoucir tes larmes, tu piges ? Ce soir, j'ai envie d'un bonbon et de tes larmes. T'en as ?"

J'ai balancé à la corbeille la chronique rédigée par Ruben et j'ai improvisé ce truc devant la caméra.

— Je doute que votre improvisation foireuse soit diffusée, murmure-t-il à mon oreille. Les larmes, ça ne fait rire personne.

Je ne me lasserai jamais de son odeur de fraise.

Tu penses que toutes les femmes qui me ressemblent sont des castratrices qui en veulent à ta peau.

Tu n'as aucune confiance en toi. Tu refuses de te tenir droit et tu te complais dans cette passivité douillette aux côtés de cette fille qui ne te demande jamais rien, une vie de couple médiocre dans laquelle tu végètes en attendant quoi ?

Je t'ai trop gâté et je refuse d'être ton seul amour même si cette idée m'emplit d'une drôle de satisfaction. Je t'y autorise. Ne suis-je donc pas ton idéal féminin ? Comment as-tu pu me trahir en proférant de tels propos ?

Mais je ne parviens pas à t'en vouloir. Tu as le droit de tuer ta mère. Ou de la dépasser. C'est la même chose.

Nous sommes dans le TGV avec mon avocate, en direction de la Cité de la justice d'Île-de-France qui a été délocalisée en Bretagne pour favoriser le lien entre les régions. Elle a fait friser ses cheveux façon afro. Je crains que ça ne soit considéré comme une provocation intolérable par nos concitoyens d'origine africaine. Apparemment Anne Gentil s'en moque. Mon avocate possède sans doute des passe-droits significatifs qui lui autorisent cette inconscience révoltante mais qui m'épate.

Elle ne cesse de me parler de son envie de baiser "au naturel", une obsession qu'elle ne parvient pas à satisfaire, elle devient fatigante. Elle secoue la tête et ses cheveux frisés viennent me chatouiller les narines. J'éternue. Les voyageurs me regardent choqués. Je risque de leur refiler mon virus. Suis-je vacciné. Les éternuements sont suspects. Je m'empresse de renifler à sec.

Je l'interromps. Quel est le but de cette convocation ?

Rien de particulier, ils veulent vous voir, contrôler vos empreintes, enfin vos informations, faire des mises à jour, une prise de sang, vous énoncer l'objet de votre délit, vous faire écouter les enregistrements des plaignants, vous faire signer la déclaration, répondre au questionnaire, bref rien de spécial, la routine avant le début de la procédure.

— Quel questionnaire ?
— C'est la loi ! s'impatiente-t-elle.

Elle me confie qu'elle est tombée amoureuse d'un jeune prostitué titulaire d'une licence AA ++, la meilleure selon les spécialistes, un corps et un esprit sains dévoués à la tâche professionnelle. Il a vingt-quatre ans. Exactement son genre. Elle dépense tout son fric au bordel, y passe sa vie. Mais il n'a pas l'air de l'aimer spécialement, son côté automatique l'exaspère et est-ce que je sais moi comment faire pour qu'il tombe amoureux d'elle. Elle en pleurerait presque, il parle à peine français, mais il ne m'a pas communiqué son origine, je suis amoureuse, et quand il est avec d'autres clients, j'en suis malade. J'aimerais le louer à l'année, qu'il me soit réservé, il fait les hommes et les femmes, je me suis renseignée, il a sa petite clientèle. Pourvu qu'on ne lui renouvelle pas sa licence et qu'une pluie de problèmes administratifs s'abatte sur lui, un peu moins graves que les vôtres, évidemment… À son tour, il aura besoin de mes services…

Je l'écoute d'une oreille. Le train pour la Cité de la justice est bondé, des gens sont debout, l'ambiance est tendue, il n'y a aucune ambiance à vrai dire, la couleur de l'angoisse et du nœud à l'estomac, gris terne. Les avocats sont facilement reconnaissables, ils sourient et parlent tout le temps, se saluent entre eux, échangent tuyaux et anecdotes. Nous, les prévenus et justiciables, nous avons envie de vomir, même les habitués et les récidivistes, la justice ne fait plus de cadeau, elle a la dureté de l'acier, le son du métal qui s'abat. Un wagon spécial est réservé aux juges, ils ne peuvent évidemment se mélanger à nous.

Le train s'arrête quelque part avant Brest. La foule descend à la station Cité de la justice d'Île-de-France. Quelques Bretons restent dans le train pour poursuivre leur périple vers la mer.

Plusieurs navettes nous attendent, selon les convocations. Nous nous entassons dans le bus. Le son des moteurs à explosion me manque, ils brisaient le silence et l'ennui, ils nous entraînaient ailleurs, ils posaient question, ils ronronnaient. Mon père me manque, il m'aurait tenu la main à ce moment précis, je me serais senti fort. Ces moteurs électriques sont terrifiants de prévisibilité. Dans ce bus, on entend les respirations angoissées des prévenus, les estomacs qui gargouillent de peur, les intestins qui se tordent en attendant leur libération. Je tente un regard par la fenêtre entre deux épaules. Je vois passer les juges dans leur minivan Mercedes noir. Ils sont escortés par des motards chevauchant leurs BMW électriques flambant neuves. Pas un bruit.

Je dois m'habituer à ces voyages administratifs et leurs queues interminables figées sur elles-mêmes. Nous attendons de passer devant la fonctionnaire en uniforme qui va nous tendre le questionnaire. La justice d'Île-de-France n'a pas souhaité utiliser les applications coupe-files qui proposent de payer le droit de passer plus vite, pour en finir. Elle se complaît à nous faire attendre, comme un rite de passage.

— Vous êtes avec moi ?

— Oui, oui, fait-elle dans un brouillard. C'est affreux, le désir. Ça devrait être tout simple et quand ça ne fonctionne pas, ça devient d'un compliqué, insurmontable. Je suis en train de mourir à petit feu, dit-elle.

— N'y pensez plus. Concentrez-vous sur mon cas.

— Ne vous inquiétez pas, vous n'êtes pas mon premier questionnaire. Le problème, c'est qu'il change les questions chaque trimestre, l'Algorithme se perfectionne au fur et à mesure des réponses. Je déteste l'intelligence artificielle. On devrait l'induire en erreur. Mais comme elle prévoit qu'on va se jouer d'elle, il vaut mieux répondre sincèrement, c'est encore la meilleure façon de la déstabiliser.

— Peut-être aussi la neutraliserait-on en l'abreuvant de conneries artificielles, perdre l'intelligence dans un dédale d'incertitudes et de perplexité.

Mon avocate m'assène un coup de coude :

— Surtout épargnez vos sarcasmes et votre humour de polémiste pour adolescents attardés au questionnaire.

Devant nous, un vieil homme pleure. Son déambulateur le tient à peine debout. Son avocat semble irrité, impatient. Vous feriez mieux de vous arrêter, intime-t-il au vieillard. Il y a des caméras partout. Un prévenu qui pleure est coupable.

J'ai peur, murmure le vieillard à bout de forces. Je n'aurais jamais dû envoyer promener ce chien.

Au bout de deux heures, après la présentation de mon visage au lecteur numérique, on me délivre enfin mon code d'accès au questionnaire. J'en suis presque ravi, épuisé par l'attente. Personne ne semble offusqué par la couleur de mon mapping. Ici, tout le monde est dans le rouge.

Nous entrons dans la grande salle des questionnaires où je dois retrouver mon écran tactile numéroté. Cet endroit est immense et le prévenu ne peut qu'être impressionné par ces centaines de petites tables parfaitement alignées. Ils ont aussi prévu une chaise pour les avocats. C'est un peu comme au théâtre : allée 352, table 55.

Ma tablette est crasseuse. Anne Gentil, qui a prévu le coup, sort de son sac une lingette désinfectante.

— Je croyais que les lingettes étaient interdites ?

— Oui, dit-elle, elles le sont. C'est un vieux stock déniché chez un brocanteur. Chut.

Elle la replie soigneusement, et la glisse à nouveau dans son sac.

Quand on allume la tablette, une notice assez longue apparaît sur l'écran, nous assurant que ses composants électroniques sont issus d'un recyclage équitable et que l'objet a été assemblé par des condamnés ayant profité du programme de réinsertion une fois leur peine purgée. Comme si on en a quelque chose à foutre à ce stade de nos vies. On veut juste sauver notre peau, annuler une erreur et rentrer à la maison, regagner le cœur de Sam et dormir contre elle, se réveiller ensemble le matin, vivre sa vie et améliorer son mapping.

Le questionnaire fait cinq cents pages et nous avons la journée pour répondre aux questions.

— Ne vous inquiétez pas me dit l'avocate. Ça va assez vite.

Je soupire. J'aperçois le vieillard qui a un malaise. On lui apporte de l'eau.

Les questions sont binaires. Oui ou non. Il n'y a pas d'évasion possible par un je ne sais pas, sans opinion, laissez-moi réfléchir, je vous rappelle.

— C'est oui ou c'est non. Pas très compliqué, grondent les avocats à leurs clients.

On rêve tous d'une troisième option.

Je déchiffre la première page. Je ne trouve aucun lien entre les questions. Préférez-vous le jaune au bleu, non, regrettez-vous le temps des changements de vitesses mécaniques, non, croyez-vous que le réchauffement climatique soit suffisamment maîtrisé…

Je me retiens de rire car une caméra au-dessus de la table filme mes réponses, mes hésitations, si je joue avec mon stylo, me gratte le nez. Je me ronge un ongle. Anne Gentil me chuchote aussitôt d'arrêter mes singeries, c'est suspect, pas vraiment une bonne idée pour mon dossier. Je rêvasse, j'observe les prévenus autour de moi, je réalise d'un coup que beaucoup d'entre eux portent une casquette ou un chapeau à bord large, sans doute pour empêcher les objectifs de mesurer la sueur qui perle sur leur crâne ou les gestes nerveux se perdant sur le bout d'un nez qui démange. Mon avocate aurait pu me prévenir.

— Arrêtez de sourire bêtement, me murmure à nouveau l'avocate en plaquant sa main devant sa bouche. J'aurais dû vous prévenir, je suis désolée, mais vraiment aujourd'hui, ce n'est pas mon jour. Vous aviez droit à un chapeau. C'est la loi.

Je recommence à descendre la liste interminable des oui et des non. Préférez-vous votre mère à votre père, aucune idée, oui, puis l'autre variante : Préférez-vous votre père à votre mère ? afin de garantir aux sexes une parfaite égalité.

Mon avocate lit par-dessus mon épaule. Elle se prend elle-même au jeu des questions et des réponses.

— Moi je préfère ma mère, mon père était un gros con d'une brutalité crasse, avoue-t-elle. En plus, il m'a refilé son problème de surpoids.

Le vieillard, épuisé par les larmes, est installé à sa table devant moi, sa main tremble avant chaque oui ou non. Il dit à son avocat qu'à son époque, on comprenait les affaires pour lesquelles on était poursuivi. Je l'entends murmurer en soliloquant, Je ne sais même pas pourquoi je suis ici. Ce chien allait me mordre, voyons, c'est de la légitime défense. Cochez, cochez, monsieur Salba se contente de répondre l'avocat excédé. Vous n'allez pas assez vite et toute question laissée sans réponse se retournera obligatoirement contre vous. C'est mauvais pour votre dossier.

Mon dossier ? gémit M. Salba. Je n'ai fait que lui balancer un coup de pied. Je sais que je n'aurais pas dû.

Son jeune avocat se retourne vers Anne Gentil et soupire en levant les yeux au ciel. Ils échangent un sourire contrarié, semblent se connaître. Cochez monsieur Salba. Il reste à peine une heure et vous n'êtes qu'à la moitié.

Je m'en fous, je préfère mourir, dit le vieillard en balançant son stylet vers la caméra au plafond. Il crache sur l'écran encastré dans sa table. Son avocat tente de le raisonner.

Nous sortons vers 18h30 et la navette nous attend pour nous raccompagner au TGV. La deuxième convocation ne devrait pas tarder suite à cette première évaluation. Les résultats ne sont pas transmis. Je ne tiendrai jamais.

Lorsque j'ai rendu mon questionnaire, on m'a fait une prise de sang. L'aiguille de l'automate ne trouvait pas ma veine. Mon bras est devenu une passoire. Le préposé ne comprenait pas la défaillance de l'automate. Le vieil homme, M. Salba, a été évacué par ambulance, son avocat a dit au mien que c'était bien la dernière fois qu'il acceptait de s'occuper d'un vieillard, Ils sont ingérables et en fin de journée ils puent la merde et la pisse. Anne Gentil a forcé un sourire. Le jeune avocat a abandonné le déambulateur de son client sur le trottoir, comme s'il n'en aurait plus vraiment besoin.

Le TGV est tout aussi bondé au retour, les visages sont ternes et fatigués. Nous avons trouvé une seule place assise que j'ai laissée à mon avocate. Elle s'est remise à me parler de cul et de sa détestation de l'Algorithme.

Deux types se sont retournés, choqués, me regardant comme si c'était moi qui avais proféré ces paroles. Anne Gentil va nous attirer des ennuis. Je n'ai pas peur des tabous, c'est mon métier, mais ce questionnaire m'a épuisé, usé, je suis assommé et fébrile car mentir est la seule liberté qu'il nous reste. J'ai systématiquement répondu ce que je pensais être le plus absurde. Je pensais à Ruben et je ne souhaitais pas collaborer. Les fonctionnaires passeraient des années à déchiffrer mes réponses pour leur trouver un sens.

Je passe le temps comme je peux en attendant ma deuxième convocation. Hier, il y a eu une manifestation de féministes sous mes fenêtres exigeant ma condamnation et mon renvoi de la chaîne de télévision, il faut protéger la jeunesse des créations toxiques de mon cerveau pourri.

Je ne sais pas d'où ils sont sortis. Plus d'hommes que de femmes, c'est bizarre. Sans doute ont-ils trouvé mon adresse par le tribunal qui a publié mon nom dans ses registres en même temps que le chef d'accusation. Ils crient des tas de vieux slogans pour l'égalité des femmes. Comme si quelqu'un la contestait encore. Leur cause n'a plus de saveur, elle est devenue une masse solide de lois que plus personne ne relève tant elles sont désormais évidentes. Mais j'imagine qu'ils prennent un certain plaisir à se retrouver dans ma rue, en bas de chez moi. Ça leur rappelle des souvenirs. Les femmes sont toutes vieilles et ridées. Les hommes bedonnant, cheveux longs, gris, et calvitie affirmée, on dirait des syndicalistes de l'ancien temps prêts à brûler des pneus sous mes fenêtres pour contester la fermeture de leur usine, comme si j'étais leur salaud de patron. Il n'y a pas de jeunes gens parmi eux. Les batailles gagnées appartiennent aux livres d'histoire et aux cérémonies annuelles. Leur manifestation, c'est un peu comme une reconstitution à l'identique dans un parc d'attractions, ma rue, je suis le bouffon désigné.

On frappe violemment à la porte. Les voisins sans doute ou le facteur excité par un autre recommandé. Quant aux manifestants, ils gardent généralement leurs distances, ils ont de l'expérience, connaissent les limites, ne pénétreront jamais dans mon immeuble.

C'est Sam qui déboule avec son sac de voyage. Ne me pose aucune question. Pas d'effusion de larmes, pas de sentimentalisme à la Alain Conlang. Je ne pouvais te laisser seul avec ces sauvages et je ne compte pas me justifier. Apparemment, elle a digéré la dégradation de son mapping. Je m'avance pour la prendre dans mes bras. Elle me tend sa joue. On va y aller progressivement, dit-elle en me repoussant. C'est très grave ce qu'il se passe pour toi, tu n'as pas l'air de réaliser.

Elle s'installe, retrouve ses marques, va dans la salle de bains et y dépose ses affaires. Puis tout en évitant mon regard, elle s'enfonce dans le canapé pour lire *Bonjour tristesse*, un vrai roman en format papier qu'elle sort de son sac. Je l'ai trouvé chez un bouquiniste, je me suis ruinée. C'est qui cette meuf ? Elle est cool.

Je ne l'avais jamais vue lire auparavant, les petites séparations ont du bon finalement et recèlent quelques surprises. Je m'assieds près d'elle et tente quelques gestes maladroits pour lui indiquer que je veux faire l'amour.

— Ah non, fait-elle, certainement pas. Il y a eu une cassure.

— Une cassure ?

— Je n'ai vraiment pas envie de toi en ce moment. Tu peux me toucher mais pas de pénétration, s'il te plaît. Je ne veux pas d'un homme en moi. Bref, tu comprends évidemment.

Elle bondit du canapé, me laissant me débrouiller avec mon manque d'elle et mon désir frustré. Je n'ose lui demander si le sexe par voie orale est inclus dans sa "cassure".

Je n'arrive pas à me concentrer sur ma lecture, peste-t-elle. Elle se dirige vers la cuisine et remplit une bassine. Je pense à mon crédit d'eau complètement asséché. Je ne pourrai plus me laver les mains. Heureusement que j'ai accepté de faire installer des toilettes hybrides, sèches ou chimiques, selon l'affaire, même si ça sent un peu, on s'y fait. Cette bassine de plastique est une relique achetée chez un antiquaire. Peut-être va-t-elle y plonger ses jolis petits pieds dont elle prend soin religieusement.

Elle ouvre la fenêtre et balance la flotte et la bassine en direction des manifestants dans la rue. Je n'arrive plus à lire ! hurle-t-elle. Taisez-vous ou partez !

Les vieilles en bas l'insultent en retour et la traitent de collabo. Les militantes se rassemblent et se mettent à chanter "Femmes je vous aime" à l'unisson, un hymne écrit par un vieux crooner français de l'ancien temps. Les voisins sortent leur tête et prennent des photos et des vidéos qu'ils posteront sur les réseaux sociaux en me taguant.

Sam est de retour. Je retrouve un peu de vie. Je suis si heureux. Je t'aime.

Elle me regarde comme si je l'avais insultée.

— Monsieur Conlang, vous êtes suspendu jusqu'à la conclusion de votre procès. Vous comprendrez évidemment.

— Mais mes audiences sont excellentes !

— Certes, vous êtes un polémiste très apprécié. Mais nous ne souhaitons pas perdre notre licence de diffusion à cause d'une phrase stupide lâchée dans un dîner mondain. C'est prévu dans votre contrat de travail, vous aviez une obligation de comportement en adéquation avec vos fonctions de titulaire. Et nous ne diffuserons pas votre dernière chronique sur les larmes et les bonbons. Incompréhensible et confuse. L'Algorithme n'est pas parvenu à l'analyser correctement. Vous devez vous faire comprendre par l'Algorithme. C'est la loi.

Ils me montrent une photo d'un homme qui me ressemble vaguement, en plus petit, plus gros, c'est presque moi le matin, au réveil, les yeux plus gonflés, la bouche pâteuse, foutez-moi la paix.

— Votre remplaçant. Il interprétera à merveille vos nouvelles chroniques rédigées par l'Algorithme. Le style, ça vous ressemblera un peu, mais en plus drôle et moins confus. Nous vous conseillons le repos et un peu de distance avec vos jeunes téléspectateurs.

Ils se veulent aimables et navrés, mais on dirait qu'ils sont ravis de se débarrasser de moi. La relation au polémiste est toujours ambivalente. Un mal nécessaire, personne n'aime quand ça gratte, même si ça fait rire et que ça rapporte. L'homme préférera toujours l'ennui à la stimulation dangereuse.

— Ne vous inquiétez pas, monsieur Conlang, tout ira bien. Vous retrouverez très vite votre place parmi nous dès que vous serez sorti de vos petits tracas. Vous appartenez à la grande famille de l'audiovisuel.

Ils me tendent une notification de suspension provisoire à signer avec remise en main propre. Je griffonne ma pauvre signature sur l'écran de leur tablette que j'ai envie de tordre. Je me lève pour rassembler mes affaires et faire mes adieux à Ruben.

À ma vue, le jeune homme secoue les bras en l'air, puis la tête. On dirait qu'il entame une danse africaine. Comme d'habitude, il ne sait comment exprimer ses émotions avec précision. Il aurait préféré me coller sur le front une émoticône qui pleure.

Quand tu avais six ans, tu avais jeté une pierre sur le carreau du gardien, ce lourdaud de M. Caudal t'avait tiré l'oreille car tu faisais trop de bruit en dévalant les escaliers, tu traînais ta petite voiture rouge contre sa porte, tu chantais, tu criais, et tu t'étais moqué de lui en l'imitant parce qu'il boitait un peu et ne marchait pas droit. Pour une fois que tu avais de l'énergie pour sortir et prendre l'air, moi j'étais ravie de tes élans de vivacité si rares. Pour ce carreau cassé, la copropriété avait porté plainte contre nous et nous nous sommes retrouvés au commissariat devant une aimable policière qui t'a fait un sermon. Elle t'avait demandé ton prénom et ton nom de famille, et tu avais répondu après de longues minutes de réflexion : Bébé cactus. J'avais rougi, avec ces deux mots si bêtes, tu avais réussi à traduire mes sentiments les plus intimes à ton égard. Je me sentais si coupable. De quoi avais-je l'air. Personne ne t'avait jamais appelé ainsi. Elle semblait perplexe devant l'absurdité de ta réponse. Puis elle avait conclu l'entretien avec un beau sourire : C'est bon pour cette fois, mais ne recommence pas. Ton père comme d'habitude avait refusé de nous accompagner, un mannequin, ça démissionne, ça ne s'implique jamais, tu tiens de lui, moi je ne t'ai transmis que ma mocheté, ma sale laideur, mon visage imparfait et sans charme. Et ma maudite insatisfaction dont je ne parviens pas à me débarrasser malgré tous mes efforts, crois-moi, ils sont incessants. La différence avec toi, c'est que je l'utilise comme un moteur pour avancer, pourchasser toute amertume de mon être. Le bonheur est un travail difficile, mais j'y parviens.

J'aime toujours ton père. Oui je l'aime malgré son incapacité à accepter l'évolution des choses, je ne l'oublie pas. Sa beauté même flétrie m'émeut et me transporte hors de cet univers si rigide. J'étais si fière d'être sa femme, son regard me rendait belle, je lui ressemblais forcément puisqu'il m'aimait, je crois qu'il m'aimait. Je parvenais à faire mon intelligente devant les autres hommes et les femmes suspendus à mes ordres, c'était si facile car je savais que le plus bel homme du monde me désirait et était dépendant de moi. Ce sentiment était une drogue que je n'ai jamais retrouvée depuis. Je n'ai jamais souhaité le remplacer. Je ne voulais pas vous imposer une autre image masculine. Pour mes besoins de femme, il y a les bordels si pratiques, je te l'avoue, je les ai fréquentés, oui, mais je m'en suis lassée et m'en passe aujourd'hui, sex is so overrated. *Et puis, je ne souhaite pas que vous ayez honte de moi, ton frère et toi, les relations amoureuses sont si difficiles à réussir.*

Tes comparaisons constantes avec Benjamin ont le don de m'irriter. Ton aîné croit aveuglément en l'avenir, quand toi, tu ne crois en rien, c'est ce qui t'enlaidit. Ton regard a cessé de briller dès l'adolescence. Tu fuis, tu as peur et cette détresse fait fuir les autres. Éclaircis ton regard. Réveille-toi. Débarrasse-toi de ce sourire ironique qui agace tant de monde. Fuis à jamais ce petit garçon terrifié par la cour de récréation et qui refuse d'aller à l'école car il ne veut pas me quitter, c'est terrible cette peur, d'où vient-elle ? Peut-on la soigner ? Ton procès est une bonne chose car il te forcera à réagir. Tu te l'es infligé à toi-même. Prends ton envol. Il est temps. Il n'est pas trop tard. Je rêve de t'admirer.

Ce matin, mon microbiote me lâche aussi. J'ai mal aux intestins.

Quand j'étais gamin, j'avais toujours mal au ventre avant de partir à l'école, ma mère n'en pouvait plus, je l'excédais, elle était en retard, je ne voulais pas qu'elle parte, c'était bien fait pour elle si on la renvoyait à cause de mes intestins. Tous les matins la même chose, ce n'est plus possible ! hurlait-elle.

Sam est partie travailler. En bas de la maison, les manifestants ont installé une tente et un point de ravitaillement. Ils ne vont pas me lâcher. Les délits liés au sexisme et à la misogynie étant extrêmement rares aujourd'hui, ils ont trouvé une occasion unique de se regrouper, faire la fête, comme au bon vieux temps. Les voisins sont un peu agacés et ne me disent plus bonjour. En revanche, ils saluent Sam avec des yeux humides et navrés comme si elle était victime du monstre que je suis. Comme si elle ne pouvait s'échapper, une manière de syndrome de Stockholm dont elle serait victime par ma faute.

On sonne à la porte. C'est un huissier accompagné de deux flics. Ils sont assez aimables, semblent même joyeux. L'huissier m'annonce qu'il est envoyé par les ministères de l'Intérieur, de la Justice et des Postes et Télécommunications. Il termine sa phrase, complètement essoufflé, les deux flics se cabrent, prêts à intervenir si je décidais d'entreprendre un mouvement suspect (ce que je ne fais jamais, je ne résiste pas, on me tabassait régulièrement à l'école pour me piquer les derniers iPhones dont je raffolais et que ma mère m'offrait pour acheter la paix et mon amour indéfectible). Les flics sont deux femmes assez costaudes, elles n'ont pas l'air de m'apprécier, peut-être ont-elles déjà consulté mon dossier. Flic est un métier que les hommes ont déserté depuis longtemps. Trop de suicides, de remises en question existentielles et de dérives suite à un usage démesuré de la violence. Elles cognent moins rapidement, sont plus à l'écoute. Apparemment, le taux de suicide chez les femmes est sensiblement moindre, les instituts de recherche officiels n'ont jamais osé apporter une explication à leurs chiffres, préférant avancer un "c'est comme ça" assez dubitatif. On ne badine pas avec la parité dans les statistiques.

— Au nom des ministère de l'Intérieur, ministère de la Justice et ministère des Postes et Télécommunications, nous vous verbalisons pour détention illicite d'un Nokia 6610 IME 2008765768753 d'une amende de deux mille quatre cent trente euros payable immédiatement. Nous exigeons la restitution de cet appareil qui sera détruit sur place par les agentes immatriculées B3456 et K7765 ici présentes.

Je fais mine de ne rien comprendre. L'huissier ajoute :

— En cas de refus, nous avons autorisation, par la loi du 5 juillet 2026, de procéder à la fouille de l'appartement et à la confiscation de tout objet lié à l'affaire précitée.

Les deux costaudes s'approchent de moi. Elles sentent le chou. C'est peut-être moi. Mes narines me trahissent-elles encore ?

L'huissier me tend son autorisation, affichée clairement sur son écran. Une caméra pend de son épaule et filme mes réactions.

J'essaie de lire mais n'y parviens pas tant mes yeux sont troublés par l'angoisse. Je ne veux prendre aucun risque avec mon procès.

Je vais fouiller dans la poche de mon manteau Paul Smith acheté à la fripe, l'emploi de la laine est toujours interdit au bénéfice d'une laine synthétique un peu sèche mais qui possède l'avantage de ne pas angoisser le mouton lors de la tonte. Le bien-être psychologique des animaux est une guerre qui n'aura jamais de fin. On trouve tous les jours des nouvelles raisons pour interdire la consommation d'un dérivé animal. Le lobby du cuir dépense des fortunes pour assurer un débit constant mais limité de sacs Hermès ou Prada. Mais je ne donne pas cher de leur "peau". Encore combien de temps. L'industrie de la chaussure en cuir est quasi morte. Les enfants de l'univers avaient défilé en hordes sauvages pour exiger que l'on cesse de porter du cuir à nos pieds uniquement par respect de l'animal qui est l'égal de l'homme, tous deux issus de la divine nature, il n'y avait pas de raison et ils avaient gagné cette loi surprise, personne n'osant contredire cette jeunesse passionnée par leurs bonnes causes. Les pulls en cachemire non mités atteignent des sommets aux enchères, le dernier est parti pour vingt mille euros tout ronds. Et paraît-il que l'acheteur anonyme a fait une bonne affaire. Chez Christie's, les chaussures Berlutti année 2000 sont plus chères que les tableaux de maîtres qui font chier, les grands de ce monde se les arrachent pour parer leurs pieds sensibles.

Je leur tends le Nokia.

— J'ai le droit de garder la puce ?

— Oui oui, rigole-t-il comme si j'avais fait une blague, puisqu'elle vous est attribuée à la naissance. Le citoyen garde son numéro de téléphone jusqu'à la mort, enfin, monsieur Conlang, ne faites pas l'imbécile.

L'une des policières sort une masse de sa poche et fracasse le vieux téléphone sous mon regard contrit.

Vous devez deux mille quatre cent trente euros à l'agent du trésor payables immédiatement.

Je lui tends ma carte de crédit qu'il colle à son téléphone. Je suis dans la dèche.

— Où avez-vous obtenu cet instrument de communication interdit et non agréé ?

— Je l'ai trouvé dans un jardin.

— Quel jardin ?

— Palais Royal. Enfin je crois. Je ne sais plus, à vrai dire.

Je ne sais plus quoi leur inventer. Je crains que le système de surveillance du Palais Royal puisse mettre en évidence que je n'ai pas fréquenté ce jardin depuis des années. Sam n'aime se promener qu'en forêt, loin de tous les radars. Dans les forêts, nous sommes libres. Sam me dit souvent : Tu vois comme les arbres sont protecteurs ? Un jour ils raseront tout car nos traces compteront plus que l'air pur. Nous comptons sur les ligues écologiques multiples pour nous assurer la pérennité de cette protection naturelle. Les arbres refuseront toujours de devenir des mouchards.

— Il semblerait que vous soyez intervenu sur son mécanisme pour vous connecter aux réseaux d'une façon illicite.

— Je l'ai trouvé ainsi. Il était tout mouillé. C'est peut-être l'effet de l'eau de pluie ou de la rosée du matin ?

— Vous êtes juif, monsieur Conlang ? Votre téléphone est hors service le samedi.

— Ah bon ?

— Seriez-vous aussi musulman pratiquant ? Certains de vos points de localisation proviennent du Territoire autonome…

Il me tend alors un téléphone de remplacement avec écran rayé et sonnerie unique, agréé par les ministères de l'Intérieur et des Postes. L'appareil est épais et assez lourd. Bonne journée, monsieur Conlang, et bonne chance pour votre procès.

Je reçois de plus en plus de courrier manuscrit sur du vieux papier recyclé, de vraies lettres jamais signées m'encouragent à tenir bon. Elles proviennent d'hommes sans doute. Je ne sais pas. Y a-t-il une écriture d'homme ? Tenez bon, monsieur Conlang. Nous sommes avec vous. Mais qui est avec moi ?

Sam s'amuse de ce courrier et insiste pour le scanner méthodiquement comme si elle voulait en garder une trace. Elle s'est aussi mise à me photographier en permanence. Mes moindres faits et gestes, mes soupirs, mes baisers frustrés. Elle enregistre ma voix. Je lui murmure : Je t'aime, mon bébé.

Elle sourit au lieu de me baffer. Je suis si heureux qu'elle accepte mes déclarations.

Tu es si vieux, un jour tu seras mort et je te pleurerai en regardant ces vieilles archives. Je ne veux rien oublier de toi.

Tu n'avais pas d'amis au lycée, Benjamin disait que les autres te trouvaient bizarre. C'est quoi, bizarre ? Les adolescents sont tous des crétins. Toi tu étais juste différent. J'étais convaincue de ton homosexualité, même cela tu fuis. Tu passais ton temps avec ce Fabien si féminin et intelligent, je pensais que vous finiriez ensemble. Tu l'adorais, il te faisait tant rire. Je suis si heureuse que vous ne vous soyez jamais perdus de vue. Pardonne-lui sa trahison, c'est l'époque qui veut ça. Ne lui en veux pas. Il n'y a plus de héros, il n'y a que des planqués, des collabos ou des mouchards. Il faut apprendre à leur mentir et à leur résister. Chacun cherche à survivre comme il peut. Pardonne à Fabien car il t'a transmis le plaisir de la création et des mots bien choisis. Vous étiez si harmonieux tous les deux, il te traînait dans les musées et à la cinémathèque, il te faisait lire tous les romans qui avaient changé sa vie, c'est un fils de prolétaires, il avait si honte de ses parents. Il se bat pour garder la tête hors de l'eau. Il se bat, lui.

Il aimait échanger avec moi dans mes rares moments d'oisiveté. Un jour il m'avait confié : Madame Conlang j'aurais aimé être votre fils, vous êtes si forte, une source d'inspiration, avec vous, on a l'impression que tout est possible, adoptez-moi, vous êtes une fée. Je l'avais serré dans mes bras, j'aimais ce genre de déclaration. Tu étais dans ta chambre, tu l'as appelé comme on convoque un domestique, tu étais jaloux du temps que je lui consacrais. Il t'a rejoint sur-le-champ afin de reprendre votre partie de Zelda dont j'aimais la musique, vous étiez si merveilleux ensemble. Ton frère ne pouvait pas le supporter, à cause de ses regards lourds de désir. Au lieu d'en jouer, Benjamin préférait le mépriser et persifler au sujet de la poitrine graisseuse que ce pauvre garçon ne parvenait pas à cacher sous les tee-shirts très amples qu'il portait. Benjamin en est où aujourd'hui avec son manque de finesse ? Sa poitrine à lui ? Celle qu'il observe patiemment pousser ? Pourquoi je ne l'aime plus ? Ton père aimait le regard des hommes sur lui, il savait s'en amuser ; c'était sans doute sa seule intelligence : ne jamais repousser l'admiration des autres, d'où qu'elle vienne, il s'en nourrissait.

Pourquoi la brutalité de ce monde te terrorise-t-elle ? Moi, je la trouve exaltante car elle exige de la force et du travail pour la contrer, pour la tenir à distance. Ta seule défense, c'est lancer des pierres pour casser les carreaux des imbéciles, te sauver à toutes jambes, comme si cela suffisait pour qu'on ne te rattrape jamais.

Mon bébé cactus, sors vers la lumière pour écrire de magnifiques poésies au lieu de ces idioties qui confortent la populace dans sa bêtise. Ou bien alors deviens le meilleur des polémistes. Ne sois pas petit, rabougri. Ta médiocrité n'est pas un bon refuge. Tu dois la combattre comme un mal qui te ronge. Je ne te demande pas d'avoir une ambition démesurée. Juste de croire en toi. Ton talent est immense, car après tout, tu es mon fils. Ces wagons géants bourrés de parfums, d'ailes d'avions ou de poudre de lait bio, ces énormes masses de ferraille que je déplace de Paris à Pékin sont insignifiants comparés aux idées que tu pourrais dispenser pour changer le monde. Comment t'en convaincre ?

Nous sommes réunis à la clinique Belair. Pour l'occasion, mon frère a invité ses amis proches et sa famille. Un officier de justice représentant l'État est arrivé parmi les premiers. Il me toise avec suspicion, il connaît sans doute l'état lamentable de mes affaires. Il est assez tôt, l'opération de transition est prévue à 8 heures, nous devions arriver en avance. J'ai horreur de ces horaires chirurgicaux. On se trimballe un goût pâteux toute la journée, ainsi qu'une tête lourde.

La tradition exige que nous soyons tous parfaitement habillés, finalement, j'ai ressorti mon vieux costume Zegna bleu marine en laine super 180's bespoke hérité de mon père, on l'a fait retailler, il est un peu chaud pour la saison, mais j'aime la silhouette qu'il donne, on me dit toujours : Alain, tu as maigri, ça te va bien. Je le chouchoute, il sent un peu la naphtaline.

Ma mère est trop maquillée, pourtant elle a suivi des cours auprès d'un maquilleur star qui vendait aux moches ses stages de formation à prix d'or. Elle a acheté pour l'occasion une robe chez Dior dont la composition novatrice du tissu est évidemment agréée mais qui la serre un peu trop. Elle s'est toujours habillée trop serré, c'est une histoire de famille, nous n'assumons pas nos formes et notre gourmandise. Elle me dit : Encore cet affreux costume !

Ma belle-sœur et mes nièces arrivent aussi. Elles sont très émues. La petite Adèle me saute au cou, Ficelle garde un peu ses distances, elle craint pour son mapping. Dorénavant, quand elles me regarderont, elles se rappelleront la version homme de leur père. Ça les dégoûte sans doute. Je suis le seul homme encore valide de la famille. Je dois rester debout.

Ma petite nièce Adèle ne me lâche pas, ce qui agace ma belle-sœur. Elle a déjà dix ans et ses grandes dents lui dévorent le visage. C'est affreux car elle me ressemble effectivement. Adèle possède mon regard, mon sourire, en plus cinglée. Je dois être très laid finalement. Heureusement je n'ai pas eu d'enfant pour me renvoyer ce genre de reflet implacable. La grande est plus du côté de ma mère, en moins rêche. Dominique la Ficelle est comme d'habitude glaciale avec moi, une fausse timidité teintée de mépris, l'oncle un peu tache au regard bizarre. Très jolie mais sans charme, à seize ans elle est déjà fanée. Passant d'une addiction numérique à une nouvelle marotte commune à sa génération, elle ne supporte pas quand ses copines lui avouent : Quelle chance, tu es la nièce du petit polémiste, il est si drôle, on l'adore. Elle a tellement hâte qu'on me foute en prison et qu'on m'y oublie.

— Tu es heureux pour papa ? me demande Ficelle sur le ton de la question piège. M'enregistre-t-elle ? Je prends le risque de la franchise.

— Euh non. Pas du tout.

Elle hausse les épaules.

— Mon oncle, c'est formidable qu'il devienne une femme. Quelle libération, il va enfin devenir lui-même.

— Qu'est-ce que tu en sais, Ficelle. À ton âge, tu devrais tout remettre en question.

Elle me dévisage, incrédule, les lèvres tombantes. J'ai envie de la gifler tant elle est pétrie d'un discours officiel et de bons sentiments. L'idiote continue en récitant sa leçon apprise devant les psychologues commis d'office par la Sécurité sociale afin d'aider l'entourage à accepter la transition d'un parent.

— Sa transition nous rend tous tellement heureux car son bonheur est le nôtre. Comment pourrait-il en être autrement ?

Elle me plante pour rejoindre ma belle-sœur qui vient à son secours.

Cette Normande ne m'a jamais aimé. Elle interdit à mes nièces de suivre mes chroniques à la télé. Pourtant mes pitreries sont tellement inoffensives par rapport à ce que mon frère se prépare à leur faire subir.

Mes nièces sont habillées de la même façon, comme des communiantes qui entrent dans une église d'antan, mais en robe à fleurs. Moi, j'ai juste fourré un mouchoir imprimé liberty dans la poche de la veste de mon costume. Il y en avait une pile à l'entrée de la clinique. Il est demandé à chaque invité d'en porter au moins une touche, manière d'encouragement et de soutien envers l'aspirant à l'autre sexe.

Le brouhaha s'amplifie dans le couloir, les amis de mon frère sont arrivés aussi, certains avec un cadeau dans les bras que ma belle-sœur s'empresse de recueillir avec une aimable grimace. Qu'est-ce qu'elle va en foutre ? En observant sa mine déconfite, je me demande quels sont les objets enfouis sous les papiers de soie recyclés et froufrouteux. Un vase ? Des miroirs ? Un nécessaire de toilette ? Pourtant, elle avait bien spécifié sur l'invitation qu'il existait une liste Transition aux Galeries. Mais certains invités insistent pour choisir eux-mêmes leur cadeau. Ça les fait un peu sortir, un déplacement en magasin, geste devenu si suranné. D'ailleurs sur les cadeaux, le fameux autocollant "acheté dans un vrai magasin" a été apposé de chaque côté des paquets, gage de qualité et de luxe. Mais ma belle-sœur s'en fout. Elle redoute déjà ces futures soirées avec sa chère et tendre, mon frère, sa future femme, ont-ils abordé le sujet, vont-ils se séparer, des heures à choisir, la boule au ventre devant un écran, les objets offerts sur la liste des Galeries.

Un infirmier un peu tendu nous conduit dans la salle des témoins. Un cocktail petit-déjeuner y a été prévu. Pour ces occasions exceptionnelles et heureuses, l'État a autorisé l'alcool sans coupon, notamment le champagne, d'où la foule qui se presse ce matin pour la transition de Benjamin.

La clinique Belair a bien fait les choses, une salle des fêtes, de grands lustres au plafond, des murs en tissus brodés bordeaux et or qui rappellent la fête ou le sexe, je ne sais plus. On se croirait presque dans un bordel. Un Chopin léger pas trop envahissant émane du plafond où sont dissimulés enceintes, caméras et micros. Une vitre épaisse parfaitement aseptisée sépare notre salle des fêtes du bloc opératoire où l'équipe médicale s'affaire pour l'opération de transition.

Finalement le Chopin si apaisant s'interrompt. Un frémissement s'empare des invités qui ne parviennent pas à lâcher leurs coupes de champagne. Tata Marguerite clashe avec un serveur qui insiste pour débarrasser et déguerpir au plus vite. L'opération tant attendue va débuter.

Mon frère arrive sur un brancard roulant, enveloppé(e) dans une tunique liberty. Il est accompagné de son chirurgien, un type assez connu qui, paraît-il, fait toutes les stars.

Benjamin nous salue fébrilement. J'ai l'impression qu'il me regarde. Ils l'anesthésient. Beaucoup d'invités se précipitent contre la vitre pour mieux voir. Adèle n'arrête pas de pleurer. Elle vient se réfugier contre moi. C'est pour son bonheur, soliloque-t-elle en me serrant la main très fort. Je lui caresse la tête. Tu n'es pas obligée de regarder, je lui dis, détournant sa tête de la vitre, mais elle insiste pour ne rien rater du spectacle.

Un silence plombant nous angoisse. Puis les convives applaudissent à tout rompre. Le chirurgien des stars brandit à notre vue les deux testicules qu'il a arrachés de ce corps de femme enfin libérée. Je vais m'évanouir sur ma nièce qui me tord la main.

Maintenant, le chirurgien va découper le sexe de mon frère en quatre lamelles à la manière d'une banane qu'on met à nu et il le repliera à l'intérieur de l'entrejambe pour en faire un organe féminin, le gland de mon frère que j'imagine merveilleux, deviendra un clitoris, en un peu plus gros. Paraît-il qu'elle pourra ainsi vivre de vrais orgasmes avec sa femme devenue d'un coup lesbienne par l'obstination de Benjamin, ils forment un couple exemplaire aux yeux de tous.

Tata Marguerite s'évanouit. Mon oncle qui ne m'adresse jamais la parole dit : C'est formidable. C'est vraiment formidable. On dirait qu'il a envie d'essayer. Les petits cousins mettent leur doigt dans la bouche pour signifier leur envie de gerber. Ils ont pris des photos et les postent sans attendre.

Le reste de l'opération n'a plus trop d'intérêt pour les invités, les lumières de la salle se rallument et nous nous dirigeons tous vers les buffets. La féminisation du corps de Benjamin nécessitera d'autres opérations, nous a-t-on informés comme si nous en étions soucieux.

Soudain je hurle de douleur. Ma nièce vient d'enfoncer ses ongles dans mon bras, en faisant presque jaillir du sang, je n'exagère pas. Elle se raccroche encore plus à moi.

— Papa est mort ! crie-t-elle.

Je ne sais quoi lui répondre. Je croyais qu'elle était passée par les psychologues.

— J'ai perdu mon papa ! pleure-t-elle.

— Mais non, tu vas avoir deux mamans, c'est encore mieux. Les hommes sont tous des merdeux, dis-je sur le ton de la plaisanterie. Pour la faire rire.

— Je veux mon papa. Je ne veux pas deux mamans.

Elle se blottit contre moi et sanglote.

Ma belle-sœur accourt à nouveau.

— Je n'ai rien dit. Ta gamine manque d'écoute.

— Ça m'étonnerait ! me répond ma belle-sœur. Elle a suivi toutes les sessions avec les psychologues et elle a été très bien notée. Adèle, mais enfin ! Secoue-toi ! fait ma belle-sœur.

— Je veux aller vivre avec Tonton ! hurle la gamine, figeant toute la salle dans un silence gêné. Je veux mon papa ! crie-t-elle encore.

Ma belle-sœur est horrifiée par sa gamine. Elle ne trouve pas les mots pour la calmer.

— Tout cela, c'est ta faute me lance-t-elle furieuse.

— Ta fille est en souffrance.

— Elle tient de votre côté : une bande de narcissiques égoïstes qui ne pensent qu'à leur gueule, comme ton père ! me balance-t-elle, ne retenant plus sa colère.

— Tu ne touches pas à mon père !

— À quoi peut-on s'attendre d'un type amoureux de lui-même. Il n'est même pas venu pour son fils ! Enfin sa fille !

Ma mère arrive à son tour une coupe de champagne à la main, un peu ivre, et toise sa petite-fille avec sévérité.

Elle me dit :

— Tu peux l'accueillir quelque temps ? Je financerai tout.

— Mais maman, je suis nul avec les enfants.

— S'il te plaît, ne rends pas les choses plus compliquées.

Ma belle-sœur :

— Tu vas t'installer quelques jours chez ton oncle. Le temps que papa achève sa magnifique transition que tu es en train de gâcher, ma chérie. Ce n'est pas bien.

— Ce n'est plus mon papa ! hurle Adèle en donnant un coup de pied dans les tibias de sa mère.

Décidément cette gamine n'en fait qu'à sa tête. Je pensais que tous les enfants de sa génération étaient des sales petits cons pétris de bons sentiments et des fachos moralisateurs.

— Je ne veux pas deux mamans ! reprend-elle de plus belle.

Ma belle-sœur se retient pour ne pas la gifler. La loi punit sévèrement tout acte de violence envers les enfants, justifié ou non. Elle se contente de tordre un sourire pour garder son calme. Quel manque d'éducation, vont penser les invités qui se noient dans le champagne et avalent les œufs brouillés à la truffe (autorisée à nouveau depuis qu'un détecteur chimique a été mis sur le marché pour éviter aux chiens et aux cochons cette recherche humiliante et psychologiquement insoutenable pour leur intégrité animale).

— Et son mapping ? demande Ficelle qui se croit intelligente.

Pour les enfants, débuter avec un mapping déjà bancal est une tare que l'on ne souhaiterait à personne. C'est vrai, la proximité avec un oncle en cours de procès risque de lui porter un grave préjudice. Mais apparemment tout le monde se fiche de l'avenir de cette petite Adèle qui vient de se prendre une nouvelle maman.

De mon côté, peut-être que la présence de cette enfant dans mon quotidien contribuera à émouvoir les juges et à améliorer mon mapping, allégeant ainsi mon sort. Finalement, peut-être qu'Adèle est un cadeau tombé du ciel.

Je me réveille. J'ai fait un cauchemar au sujet du sexe de mon frère pelé comme une banane, c'était atroce, je n'arrive plus à pisser.

Je marche dans l'appartement avec la main sur mon sexe à moi, j'ai peur qu'on me l'arrache, qu'on me le coupe, c'est affreux cette sensation, c'est nouveau, tout mon corps tremble.

J'entends des cris dans la rue. Mon nom est scandé par intermittence.

Plusieurs groupes se sont formés aux côtés du groupe féministe qui squatte le trottoir avec ses tentes. J'ai l'impression que de nouvelles associations et leurs militants en mal d'une cause se sont improvisées. L'atmosphère est joyeuse, et se tend uniquement lorsqu'ils décident de crier mon nom en exigeant la prison ou un châtiment exemplaire. Il y a des pancartes pour la défense des animaux, des véganes, pour le droit à l'habitat pour tous, alors que la loi a depuis des années imposé l'habitat pour tous, pour l'immigration alors que depuis des années les pays africains et arabes en difficulté ont résolu la crise migratoire en s'offrant à la location-gérance à des nations riches qui ont gagné les appels d'offres organisés sous le strict contrôle de l'ONU afin d'éradiquer la pauvreté et la corruption de ces pays pour ainsi stopper l'hémorragie des populations vers la vieille Europe. Généralement c'est la Chine, la Russie ou la France qui remporte les marchés de location-gérance. Apparemment tout le monde est content. Les populations locales sont satisfaites et n'ont plus besoin de traverser la Méditerranée. Il n'y a plus de guerres, moins de populations affamées et tout le monde s'en met plein les poches. La location-gérance des nations va être étendue à quelques pays de l'Amérique latine, mais certains cartels locaux opposent une fin de non-recevoir aux Chinois, bref, c'est très compliqué. Il faut de la patience pour remporter les marchés liés à la misère humaine.

Je n'en peux plus d'entendre mon nom ainsi scandé. Le syndicat de copropriété va porter plainte, ça ne va pas tarder. Je ne souhaite pas un procès supplémentaire.

J'entends une voiture de police arriver toutes sirènes hurlantes. Ils vont sans doute déloger ce petit monde qui perturbe la paix du quartier si calme d'habitude. Au contraire, les policiers barrent la rue à la circulation pour que les militants puissent être plus confortables dans leurs vociférations.

Je me fais un café équitable. La Nespresso déconne encore. Depuis qu'ils ont remplacé l'aluminium par du carton recyclé, ça marche moins bien et le café a un arrière-goût de merde. C'est peut-être dans ma tête. C'est peut-être moi qui sens la merde, mes narines ne me font aucun cadeau, elles n'en font qu'à leur guise. J'en viens à jalouser leur liberté.

On sonne à ma porte.

Ma voisine, inquiète, me demande si je maîtrise la situation. Elle a reçu un projectile dans sa fenêtre, qui fort heureusement n'a pas fait de dégât, on aurait dit que le lanceur avait délibérément choisi d'opérer un geste mou, une manière d'avertissement. Il s'était juste trompé de fenêtre.

Oui, je maîtrise.

Je lui propose un café. Elle refuse poliment. Ça lui donne des palpitations, et puis boire du café n'est vraiment pas équitable ou responsable, elle ne sait plus. Elle tient à son mapping et n'ose pas en consommer. Je ne lui offre pas un verre d'eau. Nous préservons chacun nos quotas jalousement.

Un message sur mon vieux Dell grisâtre m'annonce que ma connexion est désormais officiellement contrôlée par les autorités, comme si elle ne l'était pas avant. L'hypocrisie administrative me fait sourire. Je dois cliquer pour accuser réception de l'avertissement. Clic. C'est fait. J'éteins l'ordinateur car je ne sais plus pourquoi je l'ai allumé.

C'est la journée annuelle commémorant la victoire contre le carbone. Il est obligatoire de se joindre aux joyeux défilés citoyens qui célèbrent le triomphe de l'homme sur le réchauffement climatique. Mais je ne bouge pas de la maison. J'ai regardé quelques vieilles comédies, histoire de me changer les idées. Aucune ne m'a fait rire mis à part *Y a-t-il un pilote dans l'avion ?* qui était en promo. C'est drôle comme nous étions fous et innocents. Aujourd'hui, obtenir une autorisation pour acheter un billet d'avion relève du cauchemar administratif. La série des Chtis m'a rappelé mon enfance, mais je n'ai plus ri comme lorsque j'étais gamin. Nous y avions été en famille avec mon frère, mon père était encore avec ma mère, nous étions heureux, je crois, et le rire était contagieux. Le rire, c'est un truc familial, qui se partage. Je ne fais plus rire personne mis à part Ruben. Sam sourit à peine. L'amour sans l'humour, c'est inutile, l'ennui conduit à la séparation. L'Algorithme a obligatoirement plus d'humour que nous. Les mathématiciens lui font ingurgiter chaque année le top 10 des comédies les plus populaires.

Je me force à ne pas penser au procès, j'ai l'impression que mon sort empire chaque jour davantage. Ces gens qui crient en bas me terrorisent. Cette foule s'épaissit, se nourrit d'elle-même, elle y prend du plaisir, elle veut me consumer à petit feu, que ça dure longtemps afin qu'elle puisse perdurer sur mes cendres, je ne vois aucune issue salvatrice à ce cirque.

J'appelle mon avocate. Elle a aussi zappé les défilés, elle connaît du monde, n'est pas inquiète pour son mapping. Y a-t-il du nouveau ? Oui, oui. Elle a réussi à dîner avec son jeune prostitué qui ne l'a pas fait payer pour le temps passé, c'était un lundi soir, son jour de congé. Je crois qu'il m'apprécie, dit-elle. Vous allez voir, il finira par tomber amoureux de la petite grosse que je suis. Je suis à l'écoute. Lui, personne ne l'écoute jamais. J'essaie d'en savoir un maximum sur sa vie, de combler ses manques pour qu'il devienne accro à moi, vous comprenez.

Je regarde un documentaire sur le procès de Nuremberg. Ces nazis avaient vraiment des sales gueules. Pourvu que je ne leur ressemble pas.

Ma mère m'appelle. Elle a réussi à zapper les défilés grâce à une dérogation liée à ses hautes responsabilités. Mais elle assistera ce soir au Grand Cocktail du Triomphe dans les jardins de l'Élysée.

Elle n'arrête pas de faire des cauchemars, un gland d'homme pend de son sexe. Elle s'est réveillée en sueur. Ça la perturbe. Comment j'interprète cela. Tu fais un transfert, Mom.

Est-ce que j'ai pensé au cadeau pour mon frère ? Enfin ma sœur ? Je compte mettre combien ? me demande-t-elle. Ne nous fais pas honte surtout, tu as une tendance à la pingrerie depuis que tu es petit.

Je ne sais pas, je suis fauché, je dois économiser pour acheter ma liberté.

Elle a vu un magnifique kimono chez Victoria's Secret, ça fera tant plaisir à Benjamin. Elle se propose d'en payer une partie. Elle me demande aussi des nouvelles de la petite Adèle.

Je n'en ai aucune, peut-être que les parents ont changé d'avis.

— Tu te souviens lorsque tu avais répondu à cette policière que tu t'appelais bébé cactus ?

— Vaguement.

— Tu te souviens lorsque tu étais terrorisé d'aller à l'école et que tu t'enfermais dans les toilettes en hurlant à la mort ? On avait fini par démonter toutes les serrures des portes. À cause de toi, nous ne pouvions plus avoir d'intimité. Cette manie de s'enfermer. À cause de toi, je ne supporte plus le bruit des serrures, des clés et des portes qui claquent. Nous étions heureux finalement, non ? C'est passé trop vite.

Je n'aime pas lorsque maman fait référence au passé. Ça ne lui ressemble pas. Ma mère est une conquérante résolument tournée vers l'avenir. Mon contraire.

Je n'accepte pas l'opération de ton frère. Son changement de sexe m'est insupportable. Autant je dois respecter son choix, autant j'ai le droit d'en souffrir, ma joie feinte ne serait qu'hypocrisie. Me réjouir pour quoi ? Benjamin a toujours été un enfant heureux, quand il te cassait la figure, il hurlait de rire lorsque je me jetais sur vous pour vous séparer, pour qu'il t'épargne sa brutalité. J'avais l'impression qu'il te détestait, qu'il cherchait à te détruire. Sa violence me terrorisait et me fascinait à la fois. Pourquoi te laissais-tu faire ? Ce n'est pas compliqué de se défendre. D'essayer au moins ? De quoi avais-tu peur ? De la mort ? Déjà ? Pourquoi laissais-tu ton grand frère prendre le dessus, toujours. Ta passivité me révulsait.

Il sera une femme détestable. Prétentieuse et agressive, j'en suis persuadée. Nous avons droit à nos crétines et nos connasses, il en fera partie, c'est certain. Il ne brillera plus. Pour une fois, il va échouer, dérailler dans l'œuvre parfaite de sa vie. Secrètement, je m'en réjouis. Il mérite une leçon. Il n'a aucune limite, il est prêt à tout détruire sur son passage pour parvenir à ses fins.

Ton père me manque. Pourquoi ne pars-tu pas à sa recherche. Ramène-le-moi. J'ai besoin de ses caresses, de son regard amoureux, de ses questions tellement idiotes que je ne les comprends pas, il me fait rire dans sa simplicité, sa désarmante naïveté. Mes hommes m'abandonnent. Est-ce ma faute. Suis-je devenue une femme antipathique, repoussante ? Dis-moi la vérité.

La petite Adèle a le regard triste d'une gamine qui refuse de passer à l'âge adulte. Elle s'obstine à rester une enfant. Je crains qu'elle ne grandisse pas, son corps va faire de la résistance, lui aussi. Ma belle-sœur l'a fait déposer par le service spécial de la mairie. Adèle porte autour du cou l'enveloppe plastifiée suspendue par un fil bleu, à l'intérieur on devine le tampon sur toutes les attestations et tous les certificats autorisant sa venue chez moi. Un parent a le droit de se séparer de son enfant, les associations de protection des parents appellent cela le droit au regret, ne plus être parent, quand c'est trop difficile, quand le gosse est insupportable. Je suis tuteur provisoire mais si je perds mon procès, Adèle sera placée d'office dans un institut, le temps qu'elle accepte la transition de son père. Une équipe de psychologues se chargera de lui faire avaler ses deux mères, elle n'aura pas le choix.

J'aime la façon dont elle me tient la main, comme si j'étais son sauveur. Je lui montre sa chambre, une petite pièce qui donne sur la cour, elle n'entendra pas les manifestants, elle pourra dormir tranquillement. J'ai mis une nappe fleurie sur la petite table qui me servait de bureau. Ma belle-sœur a fait livrer le lit de la petite afin qu'elle ne perde pas trop ses repères, avec ses draps roses et sa couverture en fausse laine imprimée de fées et de lutins à laquelle Adèle est très attachée.

Mon frère appelle. Comment ça se passe avec la petite. Il ne montre aucune indulgence vis-à-vis de l'intransigeance de l'enfant. Le comportement de la fillette est tout simplement inacceptable. Elle lui gâche son bonheur, déjà que la cicatrisation des tissus est délicate. Cette gamine ne pense qu'à sa gueule, finit-il par me hurler au téléphone avec sa nouvelle voix de femme. On dirait papa ! Je compte sur toi pour me la raisonner.

Benjamin me décrit son quotidien, les détails de sa transition, l'objet en forme de phallus qu'il doit se mettre entre les jambes pour mouler son vagin, afin que les tissus ne reprennent pas leurs droits. Je ne l'écoute plus.

Sa voix de théâtre de boulevard me tape sur le système. La science moderne n'a pas réussi à la rendre vraiment féminine. Quoi qu'il fasse, il restera une trace de son être de naissance, mon grand frère qui adorait me battre pour me taquiner et moi j'allais pleurer dans les jupes de ma mère, mon père me traitait de petite femmelette et encourageait mon frère à m'aguerrir par ces sports de combat improvisés dans la chambre que nous partagions, quel cauchemar le partage, je hais le collectif imposé. C'était moi qui avais la voix aiguë et qui faisais rire tout le monde par mes cris, la puberté m'a sauvé du ridicule, de justesse.

Malgré tout l'égoïsme de ma mère, j'ai toujours en moi la sonorité douce de ses mots qui soulageaient ma difficulté à me confronter à Benjamin et aux autres enfants. Ces coups de poing que je ne parvenais pas à neutraliser m'ont conduit à me soumettre à tous les autres hommes, de peur de recevoir les mêmes dérouillées. Le soutien maternel, ses encouragements, entre deux rendez-vous, entre des réunions qu'elle interrompait deux minutes rien que pour moi, j'y étais si accro, C'est qu'il est plus fragile que le grand, il a besoin d'un peu plus d'attention, elle prenait toujours le temps de me rassurer, me soutenir, me cajoler, ces moments de consolation, j'en abusais sans état d'âme, je l'avoue, j'ai détesté qu'elle s'acharne autant à réussir sa vie professionnelle. Évidemment, devant le juge je me tairai. Réduire la femme à une mère consolatrice. La honte.

J'ai l'impression qu'elle sent la meringue. Ce sont les vacances scolaires. Ça fait des semaines que je ne suis pas sorti. Adèle me pose une tonne de questions sur son père, et sur le mien, son grand-père. J'invente des histoires. Je lui décris le portrait d'hommes qui l'émerveillent, elle retrouve son visage de fillette amoureuse du masculin paternel. Soudain elle s'assombrit. L'opération est-elle réversible ?

— Je ne crois pas, dis-je à tâtons pour ne pas la troubler davantage. Ils lui ont coupé le sexe en quatre.

Elle réfléchit un long moment puis revient avec un croquis maladroit dessiné sur son écran.

— Peut-être qu'on pourrait le faire ressortir de l'intérieur et le recoudre pour n'en refaire qu'une pièce à nouveau.

— Tu sais, le sexe de l'homme est tellement sujet à problème que peut-être en est-il mieux ainsi. Ton père fera une femme d'exception.

Des larmes lui montent aux yeux.

Pour la calmer :

— Je vais me renseigner. J'ai un ami chirurgien, je te promets, il me dira la vérité.

— Plus personne ne dit la vérité, déclare Adèle, qui ressemble d'un coup à une vieille dame.

C'est vrai, je n'ai aucun ami médecin.

La foule des militants ne cesse de grossir. Le quartier entier est bouclé, bientôt l'arrondissement. Les voisins vont me buter.

Adèle me dit : Si tu te déguises en femme, ils ne vont pas te reconnaître. Je jouerai ta petite fille. Et tu pourras sortir. On va bien s'amuser.

Cette gamine est d'une extrême perversité. On dirait sa grand-mère.

À la différence de ma famille, je n'aime pas me travestir. Cette exploration vers l'autre côté me met mal à l'aise. Je sais bien que dans les écoles primaires, la journée annuelle de l'Autre rencontre toujours un grand succès. Les garçons s'habillent en filles et les filles en garçons. Un chemin d'acceptation des genres. Une exploration saine vers d'éventuelles transitions.

— Et toi, tu aimes t'habiller en petit garçon ?

— Non, la dernière fois, à l'école ils m'ont punie parce que je n'ai pas voulu.

— Les connards ! dis-je sans retenue.

Adèle se fige puis hurle de rire. Les insultes ont disparu du langage car très mal considérées, une étude de plusieurs universités ayant formellement démontré qu'elles étaient une source reconnue de criminalité, une source dangereuse qu'il fallait tarir dès les premières années de l'enfance. Certes, une contre-étude d'universités concurrentes mais moins prestigieuses a démontré qu'au contraire l'insulte atténuait sensiblement le recours à la violence physique, mais elle n'a pas fait grand bruit dans les médias, on a préféré tout simplement bannir les mots inappropriés, les violences physiques et verbales étant considérées comme équivalentes par les associations et les différentes académies.

Depuis, l'être humain a appris à maquiller les insultes qu'il souhaite proférer. Par exemple pour dire conne ou con, il préfère "décidément vous (ou tu) n'êtes pas à mon goût" ou "vous et moi ne partageons pas le même univers", "je te trouve trop cool pour moi", "apparemment nous ne sommes pas d'accord mais ça n'entachera pas nos liens amicaux indéfectibles", bref des phrases pompeuses difficilement attaquables, mais bye-bye la jouissance de l'insulte salvatrice.

Adèle passe l'après-midi joyeusement, à dire, Conne conne conne. Si je lui pose une question, elle répond, Con con con.

Je crains qu'à mon contact, ma nièce ne sombre dans une incapacité chronique à s'adapter à son environnement, celui dans lequel elle est née et qui me fait tant horreur. Elle est quand même la petite-fille d'un mannequin intellectuellement limité qui a plaqué la société car elle lui interdisait de conduire ses Mercedes à moteur à explosion qu'il adorait plus que nous. Une nièce à explosion.

Ruben sonne à la porte. Il a une mine défaite. Je lui présente la petite. Il ne sait s'il doit lui serrer la main ou juste montrer un peu de distance. Le corps du jeune homme passe en mode désarticulé. Comme tous les adolescents, il a peur des enfants, pour un célibataire, les approcher est très dangereux, on n'arrête pas de le répéter partout, il risque de foutre sa vie en l'air, le métier de baby-sitter est aujourd'hui fortement contrôlé et réservé aux retraités hommes ou femmes, femmes de préférence, mais on ne l'écrit pas, le modèle Mary Poppins est encore fortement ancré dans les esprits, malgré les ligues pour la parité qui exigent que la version masculine, Peter Poppins, soit lue à tous les enfants qui, de leur côté, insistent pour s'endormir sur la version féminine, les psychologues sont plongés dans le désarroi. Le film *Madame Doubtfire* est interdit depuis longtemps au soulagement général : qu'un homme ait besoin de se travestir en gouvernante pour retrouver ses enfants est proprement incorrect, voire nocif pour le bon développement des cerveaux enfantins.

Pour je ne sais quelle raison, Adèle se jette sur Ruben et le serre dans ses petits bras. Dès qu'elle voit un homme, quel que soit son âge, elle devient folle. Le masculin l'égare. Elle m'inquiète. Ruben la repousse violemment, effrayé par ces marques d'affection soudaines auxquelles il n'est pas accoutumé.

C'était la même chose avec le facteur tout à l'heure mais lui n'a pas eu peur. Il m'a monté un énième pli recommandé concernant ma procédure, j'ai fini par lui offrir un café, Adèle s'est assise sur ses genoux et on a tapé la discute, parlé surtout des escaliers qui garnissent ses journées, il ne prend plus les ascenseurs tant il a développé une phobie incurable vis-à-vis de ces cages suspendues et sans fenêtre. Depuis quelques mois, elles restent souvent bloquées entre deux étages, le législateur ayant l'intention de voter de nouvelles normes de sécurité suite à une décapitation accidentelle d'un groupe d'enfants qui chahutaient bêtement, les sociétés d'entretien ont préféré ne prendre aucun risque et refusent tout simplement les visites de routine, c'est leur droit, le législateur n'a qu'à se décider un peu plus rapidement, il n'a plus les idées claires sur le sujet potentiellement explosif des ascenseurs. Les députés des deux extrêmes se sont même mis d'accord pour interdire tout simplement l'usage de l'ascenseur jugé comme une perversion libérale et bourgeoise destinée à engraisser les deux fabricants qui se partagent le marché mondial (hors Chine), mais devant la levée de boucliers des retraités rongés par l'arthrite, la motion a été rejetée alors que les écologistes souhaitaient eux aussi soutenir cette interdiction, le sport et les escaliers, il n'y a rien de mieux pour l'homme. Du coup, les partis classiques se tâtent pour soutenir une nouvelle interdiction, le sport étant gage de santé collective, le trou de la Sécurité sociale serait enfin comblé grâce à la suppression des ascenseurs si nocifs. Bref, le sort des ascenseurs est en stand-by grâce aux flemmards et centristes, mais les débats sur de nouvelles normes font encore rage dans les différentes assemblées, on a l'impression qu'ils ne se décideront jamais.

La masse de recommandés qui me sont envoyés s'amoncelle, je ne les ouvre pas. Ne vous inquiétez pas, m'a dit le facteur se voulant rassurant, c'est normal. Je vous promets, je vous préviendrai quand vous devrez vous inquiéter, comptez sur moi. C'est qu'avec mon métier, juste par le poids et le nombre des lettres, leur rythme d'arrivée et la croissance de leur taille, je suis devenu un spécialiste du bon fonctionnement de notre justice.

Ruben m'annonce en larmes qu'il a été viré de la télé. C'est votre faute. J'ai avoué que c'était bien moi qui écrivais vos chroniques. J'ai cru ainsi sauver ma peau, mais c'était tout le contraire. Ils m'ont viré, invoquant la dégradation de mon mapping. Mais pourquoi je ne suis attiré que par les anormaux ?

Tu parles de moi ?

Ben oui. Vous êtes complètement fou. Votre procès, vous le méritez. Vous êtes trop dangereux pour la société.

Tu penses ce que tu dis ?

Vous me rendez dingue. Et j'ai perdu l'accès à l'espace de vie et d'épanouissement des stagiaires et je ne veux pas vivre dans le Ghetto chez ma tante. Je déteste ce ghetto ! Elle me pose toute la journée des questions comme si j'avais les réponses. Et je ne sais pas si je crois en Dieu ou non. Je n'arrive pas à me décider. Je ne signerai aucun formulaire de laïcité. Vous devez m'accueillir.

Je crains que Sam ne me quitte à nouveau s'il y a trop de monde ici. Elle aime la solitude.

Je ne ferai pas de bruit. Je m'installerai dans votre salon. Pour quelques jours, le temps de me retourner, me retrouver. Sans vous, je n'arrive plus à fonctionner.

Quand Sam arrive le soir, elle force un sourire. Elle ne dit pas un mot et va se coucher direct. Les enfants la dévisagent, un peu apeurés. Elle refuse toujours que je la touche. Elle dort de l'autre côté du lit, le plus loin possible de moi. Je tente une caresse sur ses jolies hanches, elle repousse ma main.

Elle me dit : Ta main est moite.

Tu ne m'as jamais dit que ma main était moite.

Je ne sais pas, avoue-t-elle un peu sèchement. Il y a toujours comme une cassure.

Son histoire de cassure commence à me gonfler. C'est quoi, une cassure ? Une séparation annoncée ? Je n'ai entendu aucun bruit de chute, de déchirement, je n'ai rien entendu qui puisse provoquer débris ou cassure. De quoi parle-t-elle ? Je suis heureux avec elle. Je l'aime, votre honneur.

Je ne supporte pas ces gamins, murmure-t-elle. On était si bien avant. Et pourquoi tu n'as pas fermé ta gueule à ce dîner. On était si bien. J'étais si heureuse.

Son manque de générosité me pose question. Notre petit couple égoïste et replié sur lui-même est en perdition, nous sommes incapables de recevoir et de donner aux autres, c'est assez affligeant. Ils vont tout gâcher, continue-t-elle. Et tu as les mains moites maintenant. Entre nous, tout était parfait.

Sam ne supporte pas Adèle, trop petite fille, trop capricieuse, trop collée à moi, une sorte de jalousie non avouée qui lui fait peur et entache notre petit bonheur parfait. Sam se méfie de Ruben, trop jeune, trop fou, trop admiratif à mon égard, On se demande ce qu'il te trouve. Ces nouveaux regards me mettent trop en valeur et peut-être me préférait-elle dans cette médiocrité et cet abandon que je revendiquais haut et fort et qui lui convenait tout à fait puisque je ne lui demandais ni de me dépasser ni de me stimuler intellectuellement. On ne faisait aucun effort l'un avec l'autre, et leur présence soudaine la force à se trouver une place qu'elle ne souhaite même pas chercher.

On s'était juré de rester rien qu'avec nous-mêmes, moi et toi, entre nous, repliés sur nos désirs et nos peurs, toute notre vie l'un contre l'autre, tes lèvres contre les miennes, moi en toi, sans personne pour nous polluer.

Je vais retourner quelque temps chez mes parents, annonce-t-elle un matin. Je ne te supporte plus. Je ne supporte plus tes mains. Le son de ta voix me fait mal. Ton corps est devenu immonde. Tu as tout cassé.

Je ne suis pas accoutumé à tant de joie chez moi. J'ai réussi à me lever sans faire de cauchemars. Les enfants éclatent de rire.

Ruben tente de me travestir en femme. Ils sont allés acheter le nécessaire à l'étage Transgenre des Galeries, il y avait -15 % avec la carte Cofinoga de la tante Rebecca. Pour la perruque ils se sont un peu trompés. Adèle m'a assuré qu'il ne restait que ce blond vénitien pour la taille de ma tête. Vous allez ressembler à une vedette de cinéma, me dit Ruben, comme si c'était l'ultime accomplissement d'une vie réussie. Je m'en contrefous des vedettes de cinéma, des êtres narcissiques et repliés sur eux-mêmes, qui pleurnichent car ils sombrent lentement dans l'oubli, la nature reprend toujours le dessus, comme les mauvaises herbes qui envahissent une terre laissée à l'abandon.

Les enfants ont choisi les vêtements qu'ils jugeaient adéquats pour la silhouette d'une mère moderne.

Mes petites jambes arquées ne sont pas mises en valeur par la jupe fleurie style gitane qu'ils ont choisie. Je n'ai jamais compris pourquoi je n'avais pas hérité du corps parfait de mon père. Benjamin, le fruit de l'amour, a tout pris pour lui. On dirait qu'ils ne s'aimaient plus lorsqu'ils m'ont conçu. Ça devait être une nuit de routine, se vider par hygiène, l'autre on s'en fout.

Le chemisier est trop cintré et sa matière recyclée me gratte la peau. Chez le pharmacien, Ruben a trouvé une mousse dépilatoire qui a eu le don d'irriter mon épiderme. Les cosmétiques étant fortement réglementés, ils sont devenus très agressifs et irritants, le législateur ne parvenant plus à s'y retrouver entre la protection de la planète, le bien-être animal, la protection de l'homme et notre droit légitime à la beauté. Tout irrite mais la beauté de la Terre est préservée, elle est verdoyante et les forêts bouffent notre espace vital tant elles sont protégées. De nouvelles espèces de moustiques et de prédateurs sont apparues à l'émerveillement général. L'homme vit plus longtemps, loin des perturbateurs endocriniens et des maudits cancers. Mais je n'en finis pas de me gratter, ne pas gâcher l'eau pour apaiser les démangeaisons, les douches sont réglementées à 3 litres par personne, les compteurs à clapets de fermeture automatique sont obligatoires, comment vais-je faire, je dois absolument déclarer Adèle et Ruben à la mairie pour obtenir 10 litres supplémentaires, ne pas s'enduire d'huile exotique pour ne pas dépouiller les populations locales, se rouler dans la poussière, retourner naturellement à la terre salvatrice.

Les escarpins sont trop grands et mon pied cherche son équilibre. Ruben a cru bon de choisir une paire à talons très hauts car ma petite taille risquait de me trahir. Adèle me donne des cours de maintien, elle trouve que je fais crabe ou tortue pas à l'aise de vivre. Elle rit en me voyant me tordre les chevilles, être une femme clown est ridicule, je n'y prends aucun plaisir. Je devrais sauter d'un sexe à l'autre sans douleur, sans effort, sans trébucher. D'emblée, je devrais marcher droit. Ce sont vos a priori qui vous retiennent ! déclare Ruben, péremptoire et taquin. J'ai envie de lui donner une gifle. Il éclate de rire. Vous allez perdre votre procès, c'est certain ! décrète-t-il comme s'il lisait l'avenir.

On va te mettre en prison ? hurle Adèle en panique, qui n'est pas au courant de mes déboires juridiques.

Devant le silence de nos réponses, elle se met à m'intimer l'ordre de marcher droit.

— Conne, c'est pas compliqué, crie-t-elle à la jument que je suis.

Cette gamine sait me dompter.

Je suis accroché à la main de ma petite meringue qui guide mes pas trébuchants. Dans la rue en bas de chez moi, nous déambulons au milieu des stands des différentes associations. Ruben s'amuse à la vue de mon visage placardé un peu partout. La célébrité ne m'abandonne pas. Je reconnais ma photo officielle, fournie gracieusement par la chaîne à mes fans, sourire ravageur d'un petit polémiste à deux balles.

Un type un peu gras et chauve, avec tee-shirt rouge du syndicat des travailleurs unifiés, me tend un tract en papier avec ma photo en pleine page sur laquelle est inscrit en rouge "criminel". Adèle lui arrache ses feuilles.

C'est du papier ! hurle-t-elle. C'est interdit.

C'est du recyclé, idiote ! lui rétorque le syndicaliste. Et tu devrais savoir que nos députés ont autorisé le papier pour toute communication à des fins administratives, politiques ou associatives. Et c'est le cas, vois-tu. Cet horrible M. Conlang doit payer sa dette à la société.

Adèle broie les feuilles dans sa main et jette le paquet dans le caniveau.

Et la forêt ! hurle-t-elle, tu y penses ! Je vais te dénoncer ! Tu n'as pas le droit de tuer des arbres. Criminel !

Le syndicaliste soupire. C'est autorisé, ne te fatigue pas. Et ramasse tes feuilles et jette-les dans la corbeille de recyclage sinon je vais me faire verbaliser par ta faute et je déposerai plainte contre ta jolie maman, dit-il en me regardant.

Et vous madame ? Pourriez-vous signer la pétition contre ce criminel, me demande-t-il, suave.

Je souris, un peu fébrile.

Bien évidemment dis-je. Alain Conlang ne devrait pas exister. Il faut se débarrasser de cet homme dangereux, j'ajoute en imitant la façon de parler de Benjamin.

Je lui signe son torchon, un peu tremblant(e). Mes ongles sont d'un vernis rouge vif qui l'émeut, je sens son regard aimanté sur mes mains épilées.

Vous avez de ravissantes mains, dit-il. Elles sont tout simplement adorables.

Ruben : Les compliments envers une femme sont interdits sur la voie publique.

Adèle : On va te mettre en prison.

Le syndicaliste rougit. Je suis désolé ; je vous présente mes excuses, madame. Les lois sont si difficiles à suivre.

Ne vous inquiétez pas, jeune homme, dis-je un peu putasse. C'est vrai qu'elles sont jolies, mes mains. Je les tiens de ma chère mère. Un peu boudinées mais jolies.

Je lui effleure la joue du bout de mes saucisses.

L'autre n'ose pas répondre. Il fait juste non de la tête. Pas boudinées. Non.

Nous le laissons. Les enfants éclatent d'un rire franc et joyeux.

Adèle : Maman m'interdit toujours de rire en public.

Moi : Et pourquoi ?

Adèle : Il ne faut pas humilier l'autre. Il ne faut jamais se moquer. Il ne faut pas prendre le risque d'une amende pour AVG (agression verbale gratuite).

Ruben : En tout cas, on lui a bien foutu la pétoche à ce gros con.

Adèle : Con con con, conne conne conne.

Nous quittons ma rue assez rapidement, après avoir signé diverses pétitions à mon endroit et dégusté des brochettes de kébab reconstitué, un délice, une imitation de viande, à s'y méprendre, en dépit d'un arrière-goût de goudron sur lequel les scientifiques travaillent et qu'ils corrigeront, c'est promis, c'est inexpliqué, ça a été annoncé maintes fois par les ministères de l'Agriculture, de la Famille et de la Santé. Mais on s'y habitue, ça cale bien, ça ne pourrit pas au soleil, moi cet arrière-goût ne m'a jamais dérangé. Ça me rappelle le parfum de l'intérieur d'une des Porsche disparues de mon père.

Nous nous promenons en bord de Seine. L'eau est transparente et certains poissons sortent la tête afin qu'on les nourrisse de nos restes, mais c'est interdit évidemment, la mairie, en association avec le ministère de la Responsabilité Carbone et le ministère de l'Intérieur, a fait un travail remarquable sur le fleuve dont l'eau est devenue presque potable bien que sa consommation ne soit pas encore conseillée à cause d'un taux élevé de sodium, la Seine aurait une légère tendance à se prendre pour la Manche, les ingénieurs travaillent d'arrache-pied à comprendre et corriger ce phénomène inexpliqué.

Le transport fluvial a disparu depuis longtemps, la technique n'ayant pas encore trouvé un successeur sérieux au diesel, la voile étant trop capricieuse pour faire avancer les péniches et le nucléaire toujours réservé à la marine nationale. On a bien sorti les chevaux de halage des écuries, mais les associations en concertation avec le ministère de la Parité animale les ont renvoyés se reposer dans leurs prés. La Seine enfin débarrassée de ses bateaux pollueurs et bruyants a pris des allures de fleuve fantôme, un peu endormi, sans but précis, un fleuve qui s'ennuie et qui fait peine à voir. Les poissons et les rares pêcheurs ayant réussi à obtenir un permis de pêche sont aux anges. On respire mieux, mais on s'ennuie aussi, ça peut tuer, l'ennui.

Pourquoi refuses-tu la vie ? Tu ne donnes rien, tu ne prends rien, ta stérilité choisie me pose question. Es-tu seulement généreux. Tes cadeaux ne sont jamais mirobolants, ils ne m'ont jamais épatée, toujours à côté de mes envies. Tu te souviens, tu m'avais offert un robot mixeur Kenwood pour faire des pâtisseries. Tu avais cassé ta tirelire. Comme si j'allais me mettre à pétrir ou à monter des blancs en neige ! Certes, tu avais adoré Peau d'âne, *ce joli film que je vous avais fait découvrir et dont tu chantais la chanson du cake d'amour en boucle. Benjamin n'avait tenu que quelques minutes et s'était levé, révolté, en criant : C'est quoi cette merde.*

Tu aimais tellement chanter. Tu ne fais que grincer maintenant. Tu finiras comme ton cher Dino en plastoc, perdu quelque part, isolé dans un placard ou dans l'obscurité d'une cave. Que laisseras-tu derrière toi. Rien. Le néant. Même pas un nom. La jeunesse que tu affectionnes t'oubliera aussitôt passée dans l'âge adulte. Tu n'as pas l'air heureux, il y a tant de tristesse dans ton regard. Je ne m'y fais pas. Force-toi au bonheur. Retrouve à nouveau ces refrains à l'eau de rose qui te hantaient et que tu as délaissés trop rapidement. Tu aimais chanter.

Je crois que tu aurais fait un bon père. Bien meilleur que ton frère.

J'aurais dû faire des enfants, ils comblent un vide, c'est certain. Ils occupent l'espace et le temps, je me pose moins de questions quand Adèle s'agrippe à moi. On dirait que je la rends heureuse, c'est rassurant, c'est étonnant. On dirait que Ruben s'est apaisé à mes côtés, il craint moins l'avenir. On dirait qu'il n'a peur de rien. On dirait que Sam ne me manque pas, je ne sais pas, je n'arrive pas à me décider.

L'épais téléphone imposé par l'État et son huissier sonne. Des passants tournent la tête en notre direction. Ils reconnaissent la sonnerie propre à ces appareils réservés aux délinquants. Ils me dévisagent comme si j'étais un criminel.

Mon avocate paraît tendue, je dois venir rapidement la voir, suis-je dans le 8 ?

J'ai un petit moment de confusion.

— Sommes-nous dans le 8 ?

Ruben sans hésiter me répond par l'affirmative.

Je ne m'y retrouve plus depuis que la mairie de Paris a fusionné les vingt arrondissements en huit, tout en changeant l'ordre d'attribution des numéros, de l'est à l'ouest, afin de donner sa chance à tous les Parisiens et Parisiennes, il faut favoriser l'égalité liée à la numérotation.

Ce changement a failli tourner en guerre civile entre 16 et 20, sud et nord, est et ouest, rive gauche et rive droite, je ne m'y reconnais plus malgré la lecture assidue des bulletins d'explication et d'encouragement, je suis une vieille dame frustrée à qui la RATP a changé son itinéraire de bus, le quotidien est en forte révolution, les stations et les rues ont été renommées à cause de quelques personnages douteux, des salopards débusqués par les chasseurs de l'histoire, ou bien pour donner leur chance à tous les hommes et femmes qui ont fait l'histoire, ou encore par souci de mixité, de parité et d'égalité des sexes, les hommes blancs étant beaucoup trop représentés dans la dénomination de lieux publics. Mais quelle station pour le Bazar de l'Hôtel de Ville ? Le 72 n'existe-t-il plus ? Le Bazar a-t-il fermé ?

— Oui, oui, nous sommes dans le 8, m'assure à nouveau Ruben.

Anne Gentil me communique une adresse où je dois la rejoindre, un restaurant de fromage clandestin. La consommation des produits laitiers est fortement contrôlée par le ministère de la Responsabilité Carbone. Les émissions trop abondantes de méthane par les vaches et les brebis ne sont pas appréciées par la planète, sans parler du traitement infligé aux laitières, dont l'espérance de vie est scandaleusement réduite. J'adore surtout le cheddar, dont l'empreinte carbone est si nocive, et je ne peux refuser ce rendez-vous.

Les enfants insistent pour m'accompagner. Ils veulent du gruyère fondu, paraît-il que c'est délicieux sur une tranche de gluten, et de surcroît, ils jugent ma démarche encore trop hésitante. Ils craignent que l'on me reconnaisse. J'ai complètement oublié que j'étais habillé en femme. On s'habitue vite à son nouveau genre. Je pense à mon frère qui souffre tant pour faire oublier son passé de gros porc.

Le restaurant a été saccagé par des militants de tous bords, y compris des pro-calcium issu du lait. Mon avocate est assise dans un café adjacent, déçue par ses faux espoirs dégustatifs. Les enfants sont frustrés aussi. Anne Gentil est flanquée d'un magnifique jeune homme, au style un peu étrange, il porte des vêtements sportifs en matière synthétique recyclée trop serrés. Je vous présente Wlady, me dit-elle, radieuse. Elle s'est tressé deux longues nattes de petite fille qui fascinent Adèle.

Wlady oscille de la tête sans me tendre la main. Il a les cheveux longs et ressemble à ces chanteurs du siècle dernier. Les prostitués sont exempts de la taxe cheveux longs. Ce que je trouve injuste. Mais nos bons députés ont sans doute une raison pour leur accorder cet incroyable privilège.

— Je vous présente Adèle, ma nièce, et Ruben, mon ex-assistant.

— Il vous reste des tickets d'alcool ? Wlady aime la vraie vodka, je suis encore à sec et cette histoire de fromage m'a donné soif.

Je fouille dans mon sac à main en imitation lézard et lui tends un reste de carnet. Adèle et Ruben dévisagent Wlady comme s'il était un extraterrestre. Ses ongles sont vernis d'un bleu ciel très masculin qui magnifie ses mains d'une façon merveilleuse, des doigts longs de magicien, de masseur de bordel. Il est impeccable. Adèle joue avec les nattes de l'avocate, qui semble aux anges.

Elle me dévisage intensément.

— Je ne sais pas si vous adoptez la bonne stratégie.

— De quoi parlez-vous ?

— Ce n'est pas en vous travestissant qu'on convaincra un tribunal de votre féminisme affirmé et de la désintégration soudaine du machiste en vous.

— Ah, non, c'était juste une idée des enfants pour sortir de la maison sans me faire remarquer.

— D'ailleurs, je dois vous avouer, vous êtes une femme très laide, vraiment pas intéressante.

— Je revendique mon droit à la laideur. La beauté, pour quoi faire ? Séduire ces salauds qui voudront me baiser ?

Mon avocate se retient de rire. Ses joues épaisses se gonflent d'air. Elle inspire tout cela pour recouvrer son sérieux.

Elle est affublée de deux piles de dossiers d'une incroyable hauteur. L'usage du papier est resté obligatoire pour toutes les procédures juridiques afin de garantir la sécurité et l'anonymat des prévenus et autres présumés coupables. Les associations de défense du justiciable ont gagné ce droit face aux associations de défense de la Terre, pour une fois, l'humain a triomphé mais pour combien de temps encore, la Terre ne lâchera pas ses droits. Nous sommes en guerre.

— Les deux piles me sont-elles attribuées ?

— Mais non, uniquement celle de gauche. Celle de droite appartient à mon Wlady. J'aimerais l'adopter ou nous marier, nous ne savons pas encore. C'est compliqué. Sa mère et sa grand-mère n'ont pas leurs papiers, elles mendient dans les rues, ça ne nous arrange pas. Je plaide, je cherche, je fais intervenir mes réseaux, mais j'avoue, rien n'y fait. À part la prostitution, l'État ne tolère aucune activité civile moins engageante physiquement de la part de mon cher amour. Et l'État rejette catégoriquement les histoires d'amour qui naissent au bordel. Il protège le citoyen consommateur. C'est un tabou, l'amour au bordel. Trop d'abus, trop de dérives, personne n'y croit. On y va pour se vider, se soulager, quelques émotions payantes et on ressort en équilibre et heureux, le visage radieux. La règle, c'est la règle. Bizarrement pour votre cas personnel, monsieur Conlang, c'est plus compliqué, je ne sais par quel bout prendre le monstre. C'est insoluble.

Elle sort une vieille lingette qu'elle passe sur ses mains.

— J'ai une très mauvaise nouvelle à vous annoncer, déclare-t-elle avec solennité.

Ruben et Adèle sont partis faire un tour dans le quartier. J'ai envie de les voir. J'ai besoin de leurs regards innocents. Cette vache en Chanel collée à son gigolo magnifique m'écrase. Je devrais la virer. Elle se nourrit de mes complications, mes problèmes. Elle semble jouir de mes déconvenues. Salope d'avocate. Me voici en concurrence avec ce gigolo silencieux dont le cas est plus facile. Comment fait-il pour rester si calme. Il ne bouge pas. Quelle voix a-t-il ?

— Il vous baise toujours aussi bien ?

Je ne sais pourquoi j'ai lâché cette phrase qui n'a pas l'effet d'une bombe.

— De mieux en mieux ! avoue-t-elle tout naturellement et avec enthousiasme. Et c'est gratuit. L'amour, Alain Conlang. Rien que l'amour. Un homme, une femme, c'est magique, on aurait beau nous convaincre du contraire, ça reste unique, tout simple, comme une chanson ou un poème.

Je redresse ma perruque qui glisse trop bas sur mon front. Elle est trop large. Ou je fais trop de mouvements de la tête. Je ne maîtrise rien. J'aimerais l'arracher. Redevenir moi-même.

— Une de mes sources auprès du tribunal m'a informée qu'ils comptent vous proposer la castration chimique de niveau 4 en échange d'aveux, le procureur accepterait de classer votre affaire pour vice de forme, ils auraient contacté les plaignants pour passer un accord.

— Les plaignants ?

— Oui, les invités de ce dîner où vous avez franchement déconné.

— Niveau 4 ? Il y a combien de niveaux ? Je sais plus.

— Cinq, voyons ! Mais Dieu soit loué, ils n'ont pas mentionné le niveau 5. Vous êtes potentiellement dangereux pour la société et les femmes. Il paraît que vous avez dégoté un vieux Nokia ?

— Oui, j'avoue en rougissant.

— C'est très mauvais pour votre dossier.

— Je m'en fous.

— Ce n'est pas irréversible, vous savez.

— Quoi donc ?

— La castration de niveau 4. Elle dure une dizaine d'années, puis ils vous font suivre un traitement pour regonfler les testicules. Vous aurez 50 % de chances de retrouver une sexualité normale.

Mon dos s'affaisse. Les enfants sont de retour.

Adèle se précipite sur Wlady et le serre dans ses bras. L'étranger un peu surpris se met à lui caresser la tête. La fillette semble satisfaite. Un vrai professionnel. Ruben m'arrache la perruque pour des raisons qui m'échappent et se la met sur le crâne en poussant des cris de singe qui irritent mon avocate.

— S'ils proposent le niveau 4, c'est que vous risquez le niveau 5.

— Non, c'est non. La castration, j'en ai eu ma dose.

Un après-midi alors qu'il rentre de la chaîne où il a débarrassé son casier, Ruben me chuchote à l'oreille que Fabien désire me rencontrer. Mon ami n'ose plus me contacter directement. Il a proposé les Marronniers, oui, comme d'habitude.

Les passants me dévisagent. J'oublie que je suis en mode féminin. Je ne comprends pas leur étonnement. Le travesti fait officiellement partie de la société et plus personne ne s'en étonne. Peut-être que ma perruque est grotesque, vraiment trop grande, mon rouge à lèvres a dû encore déborder, ma barbe transperce le fond de teint qu'Adèle a étalé avec l'application d'une petite fille qui maîtrise déjà ces gestes féminins, les petits garçons suivent aussi des classes de maquillage si les parents le décident. Mon côté travelo amateur doit sans doute choquer le passant pressé dont le regard s'aimante immédiatement sur moi, comme si j'étais une anomalie. Ainsi grimé, on pourrait croire que je me moque, que je conteste le vivre ensemble cher à tous les Parisiens et Parisiennes, on pourrait croire que je le fais exprès car un vrai travelo aurait mis plus de précision et de délicatesse afin de fondre son apparence dans l'espace public, une femme avec cette pointe de masculinité nécessaire à sa définition, des épaules trop larges, une voix pas correctement timbrée, une pomme d'Adam saillante qui flotte effrontément à chaque syllabe, bref un visage d'homme à travers le filtre féminin. Moi je suis un homme qui ne parvient pas à se traduire au féminin.

Fabien arrive, une paire de lunettes de soleil lui couvrant la moitié du visage.

— On te reconnaît de loin, tu sais.

Il pointe les caméras qui sans doute m'ont reconnu aussi. Je ne dupe personne.

— Et alors, j'ai bien le droit de me travestir.

— Ils vont prendre cela comme une énième de tes provocations.

Il n'aime pas la table que j'ai choisie. Trop loin de la rue.

— On dirait que tu cherches à te cacher. Nous nous levons puis allons nous asseoir au premier rang de la terrasse, nos regards frôlent les passants.

— Je me sens si mal d'avoir signé cette plainte contre toi. Tu dois m'assurer de ta compréhension, de ton pardon. Je ne parviens plus à trouver le sommeil. C'est une torture. J'ai pensé au suicide.

— Comme d'habitude, je fais remarquer pour le détendre.

— Non, cette fois-ci, je suis sérieux. J'ai retiré un dossier au ministère de la Santé pour obtenir une dérogation, j'aimerais passer à l'acte une fois pour toutes, que mes biens ne soient pas confisqués, ne pas me rater, mes parents profiteront bien de ce pécule. Enfin, rien n'est encore décidé. Comment ai-je pu te trahir ainsi.

J'essaie de le rassurer. Depuis la création de TripAdvisor au début du siècle, la délation est devenue une vertu chez l'homme qui aime partager, dénoncer, attribuer des étoiles pour ainsi améliorer l'expérience humaine, absolument, c'est un devoir citoyen. Les lanceurs d'alerte sont des héros.

— J'ai trop de rejet dans ma vie, je me vomis moi-même, dit-il, parlant de son sujet favori. Tu comprends, un système fondé sur l'hypersexualité et la jeunesse rejette obligatoirement ses membres qui ont dépassé la quarantaine ou qui se sont lassés de la chose. Sinon le système s'autodétruit, n'a plus de raison d'être. La jeunesse désire la jeunesse, le reste n'est que prostitution. On est finis, on ne vaut plus rien. C'était sympa à vingt ans, à trente ça commençait à glisser, et maintenant, quarante ans d'un coup… j'ai dû baiser avec trois mille mecs et je n'en retiens rien. Absolument rien, le néant. C'est si brutal, je ne m'y fais pas. À quel souvenir veux-tu que je me raccroche ? La taille d'une bite ?

— Passe par l'Algorithme.

— Si seulement j'avais été un sentimental comme toi, un romantique à côté de la plaque à cause de ses idéaux, j'aurais pu m'en sortir. Rêver à quoi ? À qui ? J'ai bientôt quarante ans et je suis déjà mort. Je ne tiendrai pas ainsi. Il n'y a personne dans ma vie, j'ai besoin de partager, c'est terrible comme ce besoin de partage me ronge. Et si j'en trouve un, ça n'aura aucun avenir. Ton mec te jurera qu'il t'aime, il se lovera dans tes bras tout en consultant l'Algorithme pour vérifier s'il n'y a pas mieux ailleurs.

Je remarque qu'il joue avec ses pectoraux. Il les compresse, les soupèse et soupire.

— Tu sais bien, j'ai toujours eu des petits seins à la place des pectoraux. Ta mère se fichait de moi. Fabien, laissez vos seins tranquilles ! me disait-elle. Je l'adore. Tu as une chance inouïe de l'avoir. Tu ne t'en rends même pas compte. Je n'y arrive plus à la gym. Nos exigences esthétiques sont établies par une bande de grosses dindes frustrées et fascisantes. J'ai besoin de douceur et de flasque. Cette obsession générale pour le dur et le ferme m'a épuisé. C'est finalement très très antipathique, un muscle. J'ai envie de tous les arracher. Ils nous rendent inhumains et cons.

Je crains que la culpabilité à mon égard couplée à sa solitude chronique le rende fou.

— Pourquoi as-tu fait le pitre à ce dîner ? Il n'y a pas plus dangereux que le second degré ! Tu le sais, merde ! Tu ne survivras jamais à ton procès. La procédure va t'étouffer, tu n'y échapperas pas. Mourons ensemble. Accompagne-moi. Il n'y a plus rien à attendre de nos vies.

Je redresse ma perruque, qui me gratte.

— Tu devrais te faire percer les oreilles, me dit-il. Elles sont si petites. Quand nous étions ados, je rêvais de te les sucer. On dirait deux dragées roses.

Il me sourit.

Chacun de ses sourires est une victoire.

Ma belle-sœur s'est plongée avec frénésie dans l'organisation de la cérémonie de transition et n'a certainement pas le temps pour les caprices de sa petite ingrate. Elle m'appelle une fois par semaine pour me demander des nouvelles, mange-t-elle comme il faut, parle-t-elle de ses parents, se brosse-t-elle les dents après chaque repas, bref l'idée de me l'avoir confiée lui procure des cauchemars, elle en a perdu le sommeil, elle qui dormait si bien. Elle souhaite le retrouver à tout prix. Maintenant que la terre est plus ou moins sauvée, la protection du sommeil est devenue la cause internationale à défendre. Une source de profond désespoir pour qui le perd.

Nous sommes dans le métro. Adèle souhaite une vraie poupée Barbie à cheveux longs. Je ne sais d'où lui vient cette idée saugrenue. Ces poupées sont interdites depuis des années, trop sexistes, trop clivantes, trop irresponsables. Seuls les modèles *She-Male* et *Agenre* sont autorisés, mais les gamins ne sont pas emballés par cette décision progressiste du législateur, qui ne désespère pas de les convaincre du bien-fondé de leur vote. Nous allons chez Mme

Benichou qui, d'après la tante de Ruben, en a récupéré quelques-unes.

— Tes parents ne souhaitent plus que tu restes chez moi. Ils perdent le sommeil. Les conclusions de mon procès risquent d'être assez désolantes et alors qui va s'occuper de toi ? Tu dois jouer la comédie. Te réjouir en acceptant la transition de ton père. Ton papa, mon frère, est devenu une femme. Et c'est merveilleux. Sinon ils vont te placer en institut. Avec ton caractère de merde, tu n'y survivras pas. Fais un effort.

Adèle s'évanouit. Je n'ai jamais vu une gamine perdre connaissance. On dirait une plume qui vrille à toute vitesse, affublée d'un poids soudain qui la plaque au sol.

Elle s'effondre sur Ruben assis sur la banquette d'en face alors qu'il rêvasse à la douce incertitude de son avenir. Il se met à la secouer. Les voyageurs dans le métro n'osent broncher. Certains d'entre eux déclarent déjà l'événement sur leur téléphone. Il faut qu'elle se réveille à tout prix. Je lui tapote le visage, lui caresse les bras, je finis par la trouver belle. Elle ouvre enfin les yeux.

— Je ne veux pas que mon père devienne une femme, crie-t-elle. Et je n'irai pas en institut.

Ruben bondit sur la banquette et se met à faire le singe. La petite rigole. Elle imite à son tour une guenon. Ils crient et grimpent sur les voyageurs qui font mine de trouver leur comportement tout à fait normal. Les tapotements sur les téléphones s'emballent. Des flics vont sans doute nous cueillir à la sortie. Mais je ne peux réprimer un sourire émerveillé devant mes deux dingues.

Nous sortons du métro. Pas d'officiels pour nous questionner. La folie enfantine est encore tolérée.

L'après-midi dans le Ghetto est merveilleux. Huguette Benichou nous a préparé des pâtisseries tunisiennes gorgées de miel dont nous nous sommes empiffrés sans nous soucier de nos mappings. Ruben a fumé des Marlboro du début du siècle avec sa tante. Rebecca en possède une cartouche depuis vingt ans, elle l'avait achetée à l'aéroport de Tokyo lors d'un voyage pour un tournage pour le whisky Suntory. Comme elle est bientôt prête à partir dans l'autre monde, c'est ce qu'elle affirme, elle se défait doucement de ses possessions les plus précieuses. Ancienne fumeuse, la clope ne lui procure aucun plaisir, elle a perdu le sens du goût, son odorat est en mode aléatoire, un truc dans sa sphère ORL déconne complètement, mais les médecins ne sont pas inquiets, juste la vieillesse, pas le cancer. La tante Rebecca reste persuadée qu'elle n'en a plus pour longtemps, à quoi bon vivre si on ne reconnaît plus le parfum des roses et la saveur du chocolat (consommation récemment autorisée, selon les récoltes africaines de cacao, suite aux échanges constructifs avec les associations pour la durabilité de la biodiversité et la protection des populations locales qui ne savent plus comment nous convaincre de les laisser tranquilles, elles savent parfaitement se protéger, le fric des récoltes, elles le veulent aujourd'hui dans leur poche et pas demain, qui sait de quoi demain sera fait, mais personne ne les écoute, au Togo ils fabriquent leur propre chocolat mais même les locaux préfèrent les chocolats américains fabriqués avec le cacao togolais, c'est à n'y rien comprendre). Les cigarettes sont évidemment strictement interdites depuis des lustres, toute consommation, fabrication, récolte de tabac est sévèrement punie par la loi. L'installation de mouchards et détecteurs antitabac est devenue obligatoire dans tous les espaces privés y compris les toilettes et il faut une certaine dextérité pour apprendre à les contourner et les neutraliser. Évidemment le vote de la loi à une très large majorité avait suscité la polémique, mais aujourd'hui une nouvelle génération grandit sans le concept d'une cigarette à la cool, que l'on grille le soir dans un bar ou après dîner, après l'amour, après un moment de satisfaction ou d'angoisse, un moment à soi. Pas de mouchard antitabac dans le Ghetto. Pas de mouchard en général.

La tante a encore parlé de publicité et de ce nouveau monde qui l'emmerdait. La vieille Benichou a insisté pour offrir la Barbie à Adèle, qui sautillait tout en pleurant d'émotion. En bonus, elle a fait jaillir d'un tiroir un adorable lapin en peluche bleu un peu mité, ces jouets à fourrure synthétique sont interdits depuis longtemps car nuisibles à l'intégrité animale, même les antiquaires en refusent le recel. Adèle s'est évanouie une deuxième fois. Ma nièce devait avoir une tension très basse. On l'a réanimée avec des effluves de fleurs d'oranger concentrées. J'étais accroupi par terre pour lui faire du vent en agitant nerveusement un éventail noir ramené des

Canaries par Benichou. Les deux vieilles étaient hilares devant ma dégaine. Apparemment je leur rappelais leurs mères, qu'elles reposent en paix, amen. Elles m'ont offert des boucles d'oreilles en pierre bleue. Ma perruque ne m'allait pas du tout, je ressemblais à une vieille juive orthodoxe du Ghetto, vous êtes des nôtres, monsieur Conlang.

J'ai mis les boucles d'oreilles. J'ai agité la tête pour les faire virevolter. Elles étaient ravissantes et je n'ai pu réprimer un sourire joyeux.

Elles vous protégeront, m'ont-elles assuré.

Elle me manque, j'ai envie de baiser. Je n'irai pas au bordel pour satisfaire mon manque de son corps en choisissant une jeune femme qui lui ressemble.

Adèle a un sommeil difficile, elle fait souvent des cauchemars, elle vient à nouveau finir la nuit dans mon lit, accompagnée de la Barbie et du lapin bleu qu'elle ne lâche plus, c'est terrifiant, j'ai beau lui interdire, la petite résistante n'en a cure, elle souhaite retrouver la sérénité de ses rêves d'enfant à mes côtés, comme si j'avais le don de les faire revenir. Je note d'en parler à ma belle-sœur, car si un jour la gamine se retourne contre moi en racontant n'importe quoi, qui croira-t-on, un nouveau procès sur la gueule, j'ai si peur. J'ai beau la reconduire dans son lit, elle revient une heure plus tard, elle est si têtue.

Ruben nous rejoint vers 3 heures du matin, traînant son long corps dégingandé et élastique, nous finissons par trouver le sommeil tous les trois, blottis l'un contre l'autre. Cette peur, toujours cette peur qui nous empêche de vivre normalement, comme les autres. Les cris des associations sous mes fenêtres finissent par nous réveiller. Ou la sonnette du facteur avec ses recommandés à mon intention, que Ruben me force à ouvrir.

Ce matin, c'est une pile d'enveloppes qui nous arrache de nos rêves agités. J'offre un café au facteur qui a l'air jovial et ne me communique aucune information intéressante par rapport à ma procédure. Il y a quand même des matins plus joyeux que d'autres, dit-il en partant. Je l'entends siffler en dévalant les escaliers. L'ascenseur est toujours en panne. Ils attendent de Chine une pièce du moteur qui ne se fait plus et que l'imprimante 3D ne parvient pas à recréer correctement.

Je tends les enveloppes à Ruben. Il fait le tri tout en finissant sa tartine de pain et de confiture aux fruits rouges autorisés par la dernière ordonnance du ministère de l'Agriculture, département en charge de la régulation et de la protection de la biodiversité nationale.

Il déchire sauvagement une des enveloppes. Il en sort une feuille rose pâle qu'il se met à lire tout haut en laissant tomber sa tartine sur le reste de la pile éparpillée sur la table. Adèle dort encore.

— Je suis convoqué, s'étrangle-t-il en poussant un cri de singe terrifié.

Il devient pâle.

Il me tend la feuille rose et grimpe sur la table.

Ruben doit se rendre à la Préfecture générale. Je ne sais comment les autorités l'ont retrouvé chez moi. Je ne l'ai pas encore déclaré à l'administration :

Ruben Cohen c/o Alain Conlang,
35 rue Auchan-Drive
75001A Paris.

Ma rue a récemment été rebaptisée. La maire a mis aux enchères quelques dénominations qui ont ainsi permis de renflouer les caisses de la capitale surendettée mais heureuse, tranquille et responsable.

Nous sommes tous les trois dans le TGV en direction de Thionville où la Préfecture de Paris et quelques autres dont Bordeaux et Marseille ont été rassemblées afin de favoriser la convergence territoriale et de permettre un accès à la croissance durable à toutes les régions.

Je ne suis pas travesti en femme. J'ai juste mis un véritable bonnet péruvien un peu démodé trouvé dans une friperie de l'État. Dans la poubelle de l'immeuble, Ruben a déniché des lunettes de vue un peu épaisses qui me font des yeux minuscules. Je n'arrive pas à marcher droit quand je les porte, elles déforment ma vision. Adèle me tient la main, et sa présence dissipe toute suspicion à mon égard. Elle est devenue mon passe-partout, ma clé pour le monde extérieur qui semble enfin me fiche la paix.

Le voyage est un peu tendu, Ruben ne comprenant pas le sens de cette convocation assez rare pour un jeune de son âge. Nous avons pu réserver des places assises grâce à Adèle, qui est prioritaire puisqu'elle est une enfant.

Le contrôleur passe et je lui tends tous les papiers dont ceux m'autorisant la garde momentanée d'Adèle. Il me demande des nouvelles de mon procès, je lui dis que pour l'instant je suis dans l'attente. Il observe mon bonnet péruvien.

— C'est de la laine véritable ? Avez-vous le certificat d'autorisation ?

— Je l'ai acheté en friperie.

— Avez-vous le reçu. Je vais devoir vous verbaliser pour non-présentation d'un certificat autorisant le port de la laine.

Il me verbalise à contrecœur car il apprécie mes chroniques à la télévision, et il nous trouve sympathiques, me demande de l'excuser par avance, il ne fait que son boulot, peut-être ai-je le reçu du bonnet sur moi ? Non, rien. C'est juste un bonnet acheté dans une friperie. Un cadeau ? me demande-t-il. Peut-être pourriez-vous contacter la personne qui vous l'a offert ? Elle a sans doute tous les documents ?

Il doit faire son travail, les caméras installées dans le wagon empêchent toute mansuétude.

Plutôt aimable, il me souhaite bonne chance, et repasserai-je un jour à l'antenne ?

— Ces foutus procès, marmonne-t-il en partant.

Thionville est une ville charmante et assez calme, ornée de belles bâtisses d'époque aux couleurs assez vives. Les Préfectures décentralisées ont été bâties en bordure de la Moselle à la place d'immeubles des années 1970 du siècle dernier qui ne tenaient plus debout. Il suffit de sortir du train et de faire quelques pas pour arriver devant les guichets d'accueil. On en oublie presque le voisinage menaçant de la centrale nucléaire de Cattenom que les autorités ont agrandie et modernisée afin de satisfaire une France toujours affamée d'une électricité vierge de carbone. On n'a rien trouvé de mieux.

Ruben vomit en chemin. J'essaie de le rassurer, mais il est pétrifié. Que lui veulent-ils ?

Adèle est ravie de ce voyage. Elle sautille dans tous les sens, et balance la Barbie et le lapin qui s'entrechoquent en l'air, puis elle les rattrape dans leur chute. Je la supplie de cacher ces jouets interdits qui vont finir par nous attirer des ennuis, mais la gamine s'en fout, c'est une Conlang.

Le préposé au guichet de la Préfecture de Paris nous dévisage et inspecte la convocation qu'il retourne et porte à la lumière pour bien s'assurer qu'il ne s'agit pas d'un faux.

Lequel d'entre vous est Ruben Cohen ? demande-t-il un peu bêtement.

Ruben, la bouche ankylosée, lève les bras en l'air.

Nous sommes des amis. Nous l'accompagnons.

Sur la convocation il y a bien spécifié que le convoqué doit se présenter seul. Vous pouvez l'attendre dehors. Il n'y a pas de salle d'attente ici.

Ruben nous lance un sourire qui n'a aucun rapport avec la situation, décidément ce garçon est un dyslexique émotionnel. Revenez tout à l'heure articule-t-il comme s'il allait à l'échafaud, la gorge serrée, sa dernière volonté étant de me serrer fortement dans ses bras. Vous étiez tout pour moi ! me dit-il. Ne l'oubliez jamais ! Regardez, je pleure ! Votre chronique sur les larmes n'était pas si nulle ! Comment vouliez-vous que je pense à un tel sujet, je n'étais pas prêt ! Vous êtes ce que j'ai de plus précieux. Et il se met à sangloter. On dirait qu'il ne reviendra jamais.

Adèle se précipite vers nous et enroule aussi un bras autour de Ruben, l'autre sur moi, nous formons une jolie mêlée qui semble embarrasser le préposé au guichet.

— Revenez dans trois heures, dit l'homme. Pour une première convocation ça ne devrait pas prendre plus de temps.

— C'est joli Thionville ? je lui demande.

— Je ne sais pas. Je traverse le pont le soir pour atteindre la gare en face. J'habite ailleurs.

Nous passons les trois heures à nous promener dans les rues piétonnes du centre-ville. Adèle compte les vitrines fermées sur lesquelles une pancarte Bail à céder ou à louer prend la poussière. Bizarrement, l'État n'a jamais réussi à convaincre le citoyen de faire ses courses ailleurs qu'en périphérie, on y va en bus bondé, écrasé par les autres. La nostalgie de la croissance continue et du consumérisme irresponsable reste tenace chez ceux qui aiment fréquenter ces centres commerciaux désuets, comme on va au musée. On achète le strict nécessaire tout en rêvant au superflu très nocif pour son mapping. Le ministère de la Responsabilité Carbone encourage fortement à privilégier la location des objets de notre quotidien ou des occasions exceptionnelles. Mais on insiste encore pour posséder, c'est à moi, je paierai cette foutue taxe de propriété. C'est un droit sur lequel le législateur valeureux ne cesse de débattre, il n'ose le rogner davantage. Ils y parviendront si la température augmente d'un degré. Nous sommes prévenus.

Je savoure lentement une bière à la terrasse de l'Excelsior, un bar qui semble dater d'une autre époque, quand ce liquide délicieux coulait librement à flots ; sans restriction, sans ticket. Je peste contre mon avocate qui a englouti mes carnets de consommation d'alcool. J'en ai acheté quelques-uns à Mme Benichou.

Ruben nous retrouve trois heures plus tard. Adèle court vers lui et saute dans ses bras. Il est souriant. Rayonnant.

— Ils voulaient juste me faire signer une décharge au cas où il m'arriverait quelque chose. Vous me payez une bière.

Je tends un ticket à la barmaid tatouée, dans le cou et sur le visage, on dirait un iguane vert. Elle exige la pièce d'identité de Ruben qui n'a pas l'âge autorisé, qu'il aille se faire scanner à la caisse. J'assure la jeune femme que la bière est pour moi. Pas de problème, je signerai une décharge. Elle signale les caméras. Je soupire fatigué, par les craintes de la serveuse tatouée du sol au plafond. Nous abandonnons le projet bière à l'Excelsior et partons marcher le long de la Moselle, sur les quais aménagés à cet effet. Je rentre chez un Arabe athée et lui échange deux tickets contre deux canettes très fraîches d'une bière générique à 5 % d'alcool, les marques sur les canettes étant interdites depuis longtemps.

Nous nous asseyons près d'un grand arbre, je demande à Adèle de ne pas trop se pencher en avant pour observer l'eau claire et les pêcheurs qui remontent d'énormes poissons de rivière, des espèces qui avaient disparu des nomenclatures de faune aquatique, c'est merveilleux l'écologie quand ça n'emmerde personne.

Ruben avale sa bière d'un trait. Puis il éclate d'un rire libéré, adulte, un rire d'ogre ou de père Noël comme quand j'étais petit, ma mère, mon frère et moi faisions patiemment la queue pour prendre la photo avec le comédien-clodo déguisé d'une barbe de coton et d'un épais manteau rouge qui le faisait transpirer. Toutes les deux secondes, il poussait son rire d'ogre pour nous faire peur. Avez-vous été sages, les enfants ? Depuis, les pères Noël sont interdits par respect de l'intelligence des enfants et de leur intégrité. J'avais pleuré quand la loi avait été triomphalement votée, mon enfance avait rejailli d'un coup, mon frère qui insistait pour tirer la barbe du pauvre comédien, ma mère qui nous engueulait, on riait bien, on ne cessait d'admirer la photo sur le chemin du retour à la maison, on espérait de beaux cadeaux pour lesquels elle dépenserait des fortunes, mon père n'était pas encore parti, il posait pour le catalogue de pyjamas et robes de chambre, le photographe l'engueulait parce qu'il n'avait pas l'air assez heureux.

Grâce aux dénonciations responsables et citoyennes de mes voisins, Ruben a été facilement retrouvé par les autorités qui ne comprenaient pas pourquoi il avait déserté le Ghetto pour vivre chez moi, on lui a fait part de mon procès en attente et fermement recommandé de regagner le Ghetto au plus vite, pour la tranquillité de tous.

Ruben a insisté pour déclarer sa résidence chez moi, ils lui ont parlé du risque de dégradation sensible de son mapping. Il s'en foutait, il comptait bien le pourrir d'une façon ou d'une autre. C'était un sentiment délicieux de cramer son crédit social et d'être fiché à vie comme irresponsable et indéfinissable. Une sorte de délinquance soft puisqu'on choisissait de ne dégrader que soi-même. Oui, c'était réfléchi, certain, il préférait rester hors du Ghetto. Croyait-il en Dieu ? Était-il pratiquant ? Comptait-il signer le formulaire de laïcité prévu par la nouvelle Constitution ? Il a haussé les épaules en guise de réponse. Puis pour les calmer, il a assuré qu'il ne croyait qu'en les molécules, la science et la matière, le plaisir et la bonne bouffe, dans le cadre bien entendu des décrets édictés par notre bon ministère de la Responsabilité Carbone.

À vos risques et périls, jeune homme. Avec votre nom, vous courez tous les dangers.

Ils lui ont donc fait signer une décharge. L'État redoute une nouvelle vague d'attentats antisémites, les services de renseignement n'ont pas pu déterminer de quel côté ça viendrait, mais ça viendrait.

Je ne pratique aucune religion et je suis encore libre d'habiter où je veux ! a hurlé Ruben, faisant trembler les murs de la Préfecture générale qui n'étaient pas accoutumés à une telle effusion de la part d'un convoqué. Comme de coutume, il a fait le singe. Le fonctionnaire a eu une mine perplexe et a souhaité une très bonne journée au jeune juif. Il n'en voyait pas souvent.

Un prototype de péniche à voile fend péniblement la Moselle. Sur les rives, des hommes l'entraînent grâce à de solides harnais qui emprisonnent leur corps. Sont-ils réquisitionnés ? Sont-ils volontaires ou salariés ? Des prisonniers peut-être ? Moi bientôt.

Le vent n'est franchement pas au rendez-vous.

Monsieur Conlang ? Votre ami Fabien Brandt a attenté à ses jours. Il vous a nommé comme son contact référent.

Les hôpitaux publics sont un peu le reflet de la société, notre intimité sociétale. Je n'aime pas les fréquenter. Ils sont désuets, les couloirs peuplés par des patients en attente qui dorment sur d'étroits brancards, des âmes en déshérence qu'on a carrément oubliées et qui ne se plaignent pas car elles ont perdu la voix, rien ne s'améliore, l'homme malgré les progrès fulgurants de la médecine finit toujours par sombrer d'une façon ou d'une autre dans un couloir, à attendre en gémissant qu'on vienne le soulager.

Quand ma mère s'était fait opérer d'un kyste mal placé, elle avait choisi le privé, un établissement médical hors de prix, il n'était pas question de croupir dans un couloir. J'ai l'impression de rentrer de vacances ! nous avait-elle dit à mon frère et à moi lorsque nous étions venus la chercher pour la ramener chez elle, elle ne voulait pas prendre un taxi seule, souhaitait ses deux gars à ses côtés, Vous savez, le kyste était vraiment mal placé, ces chirurgiens sont des génies, vous êtes mon plus beau cadeau, mes garçons, si aimants, ma force, ma raison d'être et elle s'était mise à pleurer, ce qui lui arrive rarement, la gestion des trains n'autorise aucun sanglot. Nous étions inquiets pour elle et je l'avais suivie aussi dans les larmes, ne pouvant plus me retenir, Benjamin ne pleure jamais, il soupire en levant les yeux au ciel. Apparemment c'était sérieux mais elle refusait d'en parler, Je gère ne vous inquiétez pas. Tout va bien maintenant, assurait-elle pour me calmer. Nous ne sommes rien sans toi, je lui avais bégayé, effondré. Elle était si forte. Benjamin évitait de nous regarder, il ne comprenait jamais à rien à toute cette émotion, toujours trop dégoulinante à son goût. Oui, les chirurgiens étaient des génies et ça ne justifiait pas notre abandon émotionnel. Il avait sorti son téléphone pour fuir dans la lecture de ses nombreux messages. On avait continué à chialer, avec maman. Puis elle nous avait invités au restaurant, on s'était bourré la gueule avec les tickets de Benjamin qui avait opté pour de l'eau filtrée avec adjonction de gaz.

J'arrive dans la chambre que Fabien partage avec d'autres suicidés ratés. L'assistance publique a depuis longtemps décidé de placer ces fragilisés de l'existence dans une aile spéciale afin qu'ils ne contaminent pas les autres. Ces rescapés dérangent tout le monde et on regrette qu'ils n'aient pas réussi leur petite affaire. Les autorités qui travaillent si dur à rendre nos vies épanouissantes et merveilleuses ne supportent pas ces bugs humains. La loi punit les tentatives de suicide de six mois de prison incompressibles.

Fabien Brandt a foiré et son mapping a plongé d'un coup. Il m'a rejoint dans le rouge. Mon ami.

Je le trouve au fond de la pièce, intubé, les cachets avalés n'étaient pas assez forts pour l'éteindre définitivement.

— La mort n'aime pas les traîtres. Elle n'a pas voulu de moi, dit-il en me voyant débarquer. Je suis comme les autres, un collabo. Une vieille pédale qui a peur et qui signe avec les autres connards pour se protéger. J'aurais dû me lever et te défendre. D'habitude, je sais convaincre les imbéciles, c'est mon métier. Là, à ce dîner, j'étais terrifié. Les six mois, je les mérite.

Mon ami repart en boucle sur ce qu'il nomme son impasse existentielle. Je tente quelques clichés qui se veulent réconfortants et qui semblent l'apaiser, c'est la force des clichés, ils trouvent toujours un chemin vers les cerveaux les plus récalcitrants.

"Fais confiance à l'avenir, la vie est ta meilleure amie, il n'y a que la lumière à la sortie du tunnel, donne-toi une chance... aucune épreuve que tu ne puisses surmonter, l'homme est ainsi constitué, pour gagner au jeu des épreuves, les unes après les autres... Si ça ne marche pas avec les Maxime ça marchera avec un Théo..."

Je me retrouve à court de clichés, il finit enfin par s'endormir, puis sursaute et se réveille à moitié, Ne me lâche pas, murmure-t-il, je me suis planté. Je n'ai rien vu venir, maintenant, c'est trop tard, on les dégoûte, je n'ai jamais eu de chance avec les Maxime... Ils m'ont toujours rejeté... Est-ce que tu me pardonnes… je suis un collabo… j'ai baisé trop de mecs et… j'ai beau chercher, je n'en retiens rien. Je ne suis même pas foutu de protéger mon seul ami… tu es le seul homme qui m'ait jamais aimé… et je t'ai tué.

J'ai juste envie de la voir. Je n'en peux plus. J'ai beau me raisonner, je souffre de son absence.

Je patiente devant l'immeuble des parents de Sam, un couple de lesbiennes très talentueuses qui produisent des films pornos pour une des chaînes officielles. Quelques heures passent et par je ne sais quel miracle, personne ne m'a remarqué, je n'interpelle même plus les caméras de surveillances urbaines.

Je regarde les fenêtres de leur appartement bourgeois. Je n'ai jamais aimé cet endroit. Sam avait convaincu ses mères de me recevoir pour un brunch. Personne n'avait desserré les dents, j'étais presque aussi âgé que les parents, nous étions tous mal à l'aise. J'avais apporté une bouteille de champagne chinois refilée par Mom, elle en avait reçu une caisse en cadeau dont elle ne savait que faire, des entrepreneurs de Ningxia souhaitaient la débaucher. Finalement l'une des mères avait péniblement articulé : Votre maman est une femme d'exception, ses interviews, sa carrière sont une source d'inspiration pour chacune d'entre nous. Puis à nouveau un silence pesant car il n'y avait rien à ajouter, je n'allais pas les contredire. Peut-être se demandaient-elles d'où j'étais sorti.

Seule Sam buvait son jus d'oranges pressées avec gourmandise. Les fruits venaient de Floride, l'une des mères avait obtenu à grands frais une dérogation carbone grâce à un contact dans un des ministères dont dépendaient les oranges importées. Sam faisait toute seule la conversation : Non, je ne recherche pas un père. Les hommes ne servent à rien… Les mangues seront-elles bientôt autorisées… il paraît que c'est un fruit délicieux… mon jean me serre trop… l'élasthanne sera-t-il à nouveau autorisé… J'avais envie de m'endormir près d'elle. Elle me lançait des sourires complices. Une des mères lui avait dit : Chérie, tu parles trop… n'aie pas peur du silence.

Alors tout le monde s'était tu.

Après quelques heures, je vois la femme de ma vie arriver avec un jeune homme de son âge, je reçois leurs éclats de rire innocents et leur complicité si naturelle comme une sentence de mort. C'est officiel, à mon âge je me complais encore dans mes illusions d'adolescent romantique. On a tous une part de bêtise que l'on traîne comme un boulet sans jamais pouvoir s'en défaire. Ces foutues illusions me collent à la peau. Si j'avais su me battre, j'aurais cassé la gueule à ce jeune homme si beau. Benjamin l'aurait pulvérisé. Pour une fois j'aurais aimé lui ressembler.

Sam marche vers moi et m'annonce très gentiment qu'elle est amoureuse, qu'elle a trouvé "son homme" grâce à l'Algorithme, c'était rapido-rapido, si facile, l'arrivée d'Adèle a été un catalyseur, elle remercie le ciel, elle a bien réfléchi, elle mérite mieux que moi, soyons lucide, elle ne terminera pas sa vie avec moi, je mourrai avant elle. Elle n'a pas envie de sacrifier ses plus belles années à pousser la chaise dans laquelle je chierai, à me changer les couches, à me réapprendre à compter, elle voit trop de vieillards. Nous deux, ça ne rimait à rien. Puis elle me dit : Je ne t'oublierai jamais, tu as changé ma vie, si tu as besoin de quoi que ce soit, je serai toujours là pour toi.

— Je dois te laisser, dit-elle. Il y a une manifestation de soutien aux Gémeaux. Notre stigmatisation est révoltante. Mais nous finirons par gagner.

Ma tête va exploser. J'ai trente-cinq ans et je me sens si usé.

Le jeune homme de l'autre côté de la rue lui lance un sourire radieux. Ses cheveux sont bouclés et foisonnants, son regard joyeux est empreint d'une insouciante légèreté que je lui envie. L'Algorithme a encore démontré sa perfection. Ils sont beaux tous les deux. Pour l'instant, ça leur suffit. On dirait qu'il est fait pour elle. L'évidence ahurissante de ce joli couple m'anéantit.

— Je te souhaite beaucoup de bonheur, dis-je en pleurant comme un enfant qui doit rendre le jouet égaré trouvé par hasard sur la plage.

Le monde s'écroule à nouveau. Chaque jour le monde s'écroule. Je ne vais pas réussir à m'en tirer. Je vais rejoindre Fabien à l'étage des suicidés. Je dois appeler mon avocate. J'accepte la castration chimique. Je ne souhaite plus jamais être amoureux. Qu'ils me fassent avaler cette pilule et qu'on n'en parle plus. L'Algorithme n'admet pas les différences. Il souhaite un monde équilibré, responsable et équitable. Il est juste et les couples qu'il crée sont parfaits, d'ailleurs, l'État publie chaque année les taux de séparation, ils sont de plus en plus bas. Ne rencontrez pas l'âme sœur au détour du hasard, les histoires d'amour dues au hasard finissent toujours mal.

Je pense au sourire d'Adèle. Je pense aux bonds de Ruben qui ne sait pas exprimer ses émotions. Devant ce couple merveilleux, je me mets aussi à sauter comme une vieille guenon en poussant des cris de colère. Je dois gagner mon procès, à tout prix. Ainsi elle reviendra. Je me laisse à nouveau absorber par mes illusions, je m'y engloutis, je m'y noie, c'est si bon, elle reviendra car je suis son seul amour. J'encule l'Algorithme. C'est si bon. Je me sens bien d'un coup. Je change d'avis, je n'avalerai pas leur pilule. Sam m'appartient. Mon déni m'appartient. Le monde m'appartient, ma vie, mes mots, mes phrases, tout est à moi, rien que pour toi. Je sais qu'au fond tu n'aimes que moi. Jamais je ne serai lucide. *Fuck you.*

Tu ne me prends plus la main, on dirait que tu crains de te souiller. On dirait que je te dégoûte. Quand tu étais petit, tu reniflais tout, tu trouvais que ça puait partout. Tu avais le don d'exaspérer ton père et Benjamin, on te fourrait du coton imbibé d'eau de Cologne Bien-être dans les narines, pour te soulager et te faire taire. Moi, je trouvais ta manie plutôt drôle, ma mère avait la même. Je me souviens encore de sa façon de renifler mes longs cheveux et de me renvoyer sous la douche. Maman adorait faire brûler de l'encens, heureusement interdit aujourd'hui. Notre air est si respirable, quel divin bonheur. Mais plus il est pur, plus nos âmes s'encrassent. Une écologie de l'âme serait-elle nécessaire ? On dirait que nous avons un besoin inné de dégradation et de souillure. J'en viens à cette terrible conclusion : plus c'est propre à l'extérieur, plus c'est sale à l'intérieur. Il n'y a que toi qui puisses comprendre de tels propos.

J'ai besoin de vos caresses, de votre peau sur la mienne. Je redoute le moment où ton frère m'embrassera une fois sa transition achevée. Son parfum me donnera la nausée. Il sentait si bon, j'aimais quand il revenait du sport en sueur, il se jetait sur la nourriture que cette Sylvie si paresseuse avait préparée. Puis il venait caler ses lèvres rouges dans mon cou, on dirait qu'il allait me dévorer. Il savait qu'il me comblait de bonheur. Mon cœur battait plus vite, mon ventre me chatouillait. Tu nous regardais jaloux, haineux, tu détestais le sport. Et toi, tu n'as jamais cherché à me rendre heureuse. Ton robot Kenwood rouille dans la cave. Tu aurais pu devenir un grand nez chez Guerlain.

La berline sent une sorte de faux cuir vieilli. C'est écœurant. Le chauffeur de ma mère ne cesse de m'observer dans son rétroviseur. Nous rendons visite à mon frère, son processus de cicatrisation est achevé et il souhaite se dévoiler à nous avant tout le monde, avant sa femme notamment.

On dirait que Mom n'ose pas me parler, j'ai l'impression qu'elle me regarde différemment depuis quelque temps. Soudain, elle me prend la main et me la serre avec force, comme si elle avait peur de tomber dans cet abîme qui s'est ouvert sous elle. Je ne réagis pas. Nous avons les mêmes mains, dit-elle comme si c'était la première fois qu'elle s'en rendait compte. Des petits boudins en guise de doigts. Elle rit, me demande des nouvelles du procès. Aucune, c'est une période d'attente où mon dossier est passé en revue par les différentes strates de la justice, c'est long et pénible, je ne suis pas le seul à être ainsi étudié par cette armée d'intervenants anonymes, parfaitement formés aux finesses de nos différents codes pénaux, non, je n'ai reçu aucune convocation, même mon avocate semble avoir disparu, évanouie. Mais la justice ne m'a sans doute pas oublié. Je lui parle de ce pauvre M. Salba qui ne supporte pas les chiens, il passe sa vie à s'en justifier, ses dossiers sont aussi nombreux que les coups de pied qu'il assène à la race canine. Connaîtrait-elle un fonctionnaire au ministère de la Parité animale qui puisse alléger la peine du vieillard ?

— J'ai entendu qu'ils te proposaient la castration chimique, lance-t-elle comme si elle parlait de son dernier lifting.

Je hausse les épaules, incapable de sortir un son.

— Mes deux fils émasculés, c'est quand même drôle quand tu y penses.

Je visse mon bonnet péruvien à la lisière de mes sourcils. Les regards de son chauffeur m'agacent.

— Quel bonnet ridicule ! dit ma mère qui en caresse la laine.

— Sam m'a quitté.

— Cette idiote marquait juste ton désir de médiocrité. Bon débarras.

— J'ai horreur des séparations.

— Je sais. Tout le monde sait. Tu en as fait des chroniques, je te rappelle, pour une fois je te trouvais drôle.

— Oui je suis drôle quand je souffre. Je pense chaque seconde à elle. Elle occupe toutes mes pensées.

— Tu devrais faire comme ta mère, te déconnecter de la chose physique. *Sex is so overrated*, dit-elle en anglais. *So so so overrated.*

Elle soupire.

— Je suis si triste pour Fabien. Il n'y a que toi qui puisses le sauver de cette dépression. *Trust me*. Vous devriez vivre ensemble.

Mon frère nous accueille dans un très beau peignoir en soie blanche siglé de la clinique.

Je n'ose pas le regarder dans les yeux. Je n'aime plus le regarder. Ma mère est trop bruyante, signe évident de son malaise. Je n'arrive même pas à l'écouter. De quoi parle-t-elle ? De Sam qui m'a quitté. Ça ne semble pas intéresser mon frère. Mes oreilles bourdonnent, je vais devenir sourd, je déteste cette transition.

Il me demande comment je la trouve.

Il parle d'une inconnue. Il ne s'est même pas encore présenté au monde. Il flotte dans un no man's land identitaire.

Ma mère soliloque sur le professionnalisme de la clinique, quelle propreté, elle a tellement envie de pleurer, de sangloter, elle aimait ses deux garçons, nous étions sa fierté. Je trouve qu'on se ressemble, lui confie mon frère.

Je sors prendre l'air. Le monde autour de moi chavire trop rapidement. Il est très belle. C'est tout ce que j'ai à dire, très sincèrement. Les chirurgiens sont des magiciens lorsqu'il s'agit de corriger la nature. Le corps se plie à leur volonté, cicatrise comme ils ont prévu, au millimètre près. Il n'existe même plus de chairs rebelles, il n'y a que moi qui cicatrise mal, je saigne, je passe en revue mes souvenirs, la mémoire, le cœur, l'estomac, le bout du sexe, tout me fait mal, ce matin en le voyant dans ce si beau peignoir de soie blanche, j'ai envie de hurler tellement j'ai mal, tellement je n'y comprends rien, ma tête va éclater, j'ai envie de le cogner, de déchirer ce nouveau truc si bien façonné. Une femme ?

Dans le couloir, je croise d'autres hommes devenus femmes ou des femmes devenues hommes. Cette volonté d'être plus belles que la vérité avec leurs gestes si délicats, si bien étudiés, répétés à l'infini jusqu'à ce qu'ils deviennent naturels, leur démarche, tout cela donne le vertige, on dirait une danse parfaitement orchestrée, qui en est le maître de ballet, j'ai besoin d'explications quant à ces intentions artistiques si bien exécutées, combien coûte cette incroyable clinique, j'en bouscule un(e) par mégarde qui se met à hurler de frayeur, elle a failli tomber, mais elle se redresse et reprend sa danse. L'un(e) d'elles s'approche de moi, vous êtes Alain Conlang, j'adorais vos chroniques, vous revenez quand sur les écrans ?

Ne me touche pas.

— Tu es très belle. Je ne te reconnais pas. Ça me déstabilise un peu.

— À l'intérieur je suis restée la même. Je n'ai pas changé, juste libérée, assure Benjamin en récitant un discours appris par cœur.

Ma frère me serre dans ses bras avec de grands gestes de diva. Frérot, comme je suis heureux que ça te plaise.

Les médecins ont dit qu'ils étaient satisfaits au-delà de leurs espérances. Vous vous rendez compte, j'ai dépassé leur projet numérique avec cette petite touche humaine qu'ils ne maîtrisent pas complètement !

Nous parlons de l'organisation de la fête pour son introduction au monde, son nouveau baptême. Il tait le prénom de femme qu'il s'est choisi.

Ma mère se met à pleurer. Pardon je ne sais pas ce qui me prend. Je suis si heureuse.

Nous n'avons plus envie de nous parler. Voilà, tout est accepté. Tout le monde est heureux pour lui. Elle est magnifique. Un brin de silence. Alors j'interviens auprès de mon frère pour garder Adèle quelque temps encore. Il s'assombrit. N'abordons pas les sujets qui fâchent. Nous avons échoué dans son éducation. Nous ne lui avons pas transmis les bonnes valeurs. Nous l'envoyons en institut, c'est décidé.

Benjamin se mord la tranche de la main, je ne lui connaissais pas ce geste. La terrible morsure qu'il s'inflige fait gonfler son visage qui devient tout rouge. Il ne souhaite pas s'emporter, non il ne se mettra pas en colère. Suis-je en train de le provoquer délibérément ? Pour une fois, tu ne peux pas te taire, et aller dans le sens des autres. Ses lèvres refaites vont éclater sous la pression. La colère est mauvaise pour le protocole médical qui lui a été prescrit, il est fatigué par les jours de jeûne subis pour fortifier les cellules du corps. La faim le rend nerveux. Avant il dévorait tout, alors que moi les parents me forçaient à manger à coups de hurlements et d'assiettes de coquillettes qui voltigeaient dans les airs.

Elle m'emmerde avec ses principes, son jeûne et ses protocoles qu'elle suit religieusement. J'insiste sans me sentir coupable, mon frère n'est pas encore tout à fait femme, on ne pourra m'accuser de sexisme, la parole de ce machin, j'ai encore le droit de la contredire, de lui chier dessus. Je propose en hurlant presque et tout en fixant ma mère du regard (c'est elle qui assurera le financement) de garder Adèle à mes côtés jusqu'à sa majorité.

Benjamin déploie sa gorge et choisit de rire comme aurait fait une chanteuse d'opéra obèse, tout son corps ondule bizarrement. Le rire a sans doute été répété maintes fois, devant un miroir, en groupe, seule au milieu de la nuit, c'est fondamental, le rire d'une femme, mais ce n'est pas encore ça. Il manque cette touche de féminité, l'héritage de siècles de rires et de sourires de femmes touchées par une irrésistible pointe d'humour, un sarcasme ou l'envie d'être joyeuse tout simplement face à la vacuité du monde ou pour égayer un quotidien de merde. Un beau sourire qui s'éveille tôt le matin et qui ne désespérera jamais de séduire. Un rire qui rêve à sa libération.

Un matin très tôt on sonne à la porte. Ma belle-sœur, accompagnée des deux policiers et de l'huissier qui m'avaient fracassé le précieux Nokia, surgit face à moi. Bonjour, monsieur Conlang. Décidément vous êtes un drôle de dossier. Ils sont venus chercher Adèle. Je crie son prénom, je suis Tarzan, je suis un hurlement de lion, je n'avais jamais émis ce genre de son, je ne me reconnais pas, qui suis-je par ce cri. Comme une petite souris, la gamine bondit, se faufile et passe entre leurs jambes à une vitesse vertigineuse qui me surprend. Elle disparaît dans les escaliers. Elle disparaît tout simplement. Ruben qui se réveille aussi lève les bras en l'air comme s'il était braqué par un commando de terroristes ou de collabos antisémites.

Décontenancé, l'un des agents des forces publiques scanne le visage du jeune homme puis lit sur son petit écran sa fiche qui apparaît aussitôt. Il fait remarquer à Ruben qu'il devrait demeurer dans le Ghetto, que c'est trop dangereux pour lui ici, que sa protection ne peut être assurée par les autorités et que ce n'est vraiment pas prudent tout cela. A-t-il la décharge ? Peut-il la présenter ? Il doit l'avoir toujours sur lui. C'est la loi. Il plaide qu'il vient de se réveiller, il ne dort pas avec, il craint de la froisser. Une infraction en chasse une autre, tout le monde a oublié Adèle.

Ruben l'a compris et met une éternité pour leur présenter sa décharge tamponnée et signée.

Et après on va dire qu'on n'assure pas correctement la protection du citoyen. C'est une catégorie de la population très compliquée quand même non ? articule l'huissier à ma belle-sœur qui acquiesce.

Je dois sortir, j'ai rendez-vous au rabbinat pour ma dérogation, clame solennellement Ruben en tentant de se frayer un passage pour sortir. Mais ils l'en empêchent.

Shema Israël, Adoshem Elohénou, Adoshem Ehad ! hurle-t-il.

Pris de terreur à l'évocation du mot *rabbinat* et de ses incantations *israélites*, les flics se figent pour le laisser filer.

Ma belle-sœur est folle de rage et ramène tout ce petit monde au but de la visite.

Vous avez fait obstruction à une mission de l'ordre public, me décrètent-ils en pianotant sur leurs écrans. Ma belle-sœur me gifle soudain puis me supplie aussitôt de lui pardonner. Elle m'a fait mal. Tétanisée, elle observe sa main qui a pris cette liberté inattendue. Pardon, dit-elle en larmes. Je t'en supplie, ne dépose pas plainte !

Je me souviens qu'un soir ma mère m'avait giflé. J'étais un adolescent assez instable. J'avais l'impression qu'elle y avait pris un certain plaisir. Elle avait regardé sa main et ma joue rougie, effrayée par la violence de son geste. Alors j'avais fait le pitre pour alléger sa terreur et tout le monde avait retrouvé la joie.

Ma belle-sœur décide de fuir pour partir à la recherche de sa fille.

Les flics me passent les menottes et me voilà coffré à la place d'Adèle. Je n'ai jamais déposé plainte contre personne.

On m'a balancé dans un TGV blindé (départ toutes les demi-heures de la gare du Nord) qui fait office de fourgon avec cellules séparées direction Roubaix, ville du Nord un peu oubliée où tous les commissariats de quartier des villes situées au-dessus de la Loire ont été regroupés afin de favoriser la décentralisation et la convergence judiciaire.

Le choix de Roubaix comme ville de triage a été salué par tous et a redynamisé la région d'une façon surprenante. Outre les nombreux cabinets d'avocats accourus de toute l'Europe, de nombreux hôtels, des restaurants ont fleuri, ainsi que des cabinets de psychiatrie ou de coaching. On n'a jamais su pourquoi le dernier train de retour est à 18 heures alors que le grand commissariat de France-Nord est ouvert jour et nuit. On est condamné à dormir à Roubaix.

Des fourgons nous attendent à l'arrivée. Je fais la queue dans les couloirs de l'ancienne Manufacture transformée en hall de triage pour tous les délinquants. Mon cas est assez bénin, j'ai juste fait entrave au placement d'une enfant potentiellement dangereuse en institut. Le magistrat me scanne et lit mon dossier. Il me dit : Je vous condamne à une amende de cinq mille euros.

Bien que la somme soit un peu exorbitante, je pousse un soupir de soulagement car je me voyais déjà affublé d'un autre procès. Le magistrat qui part bientôt à la retraite connaît mes chroniques et il m'a plutôt à la bonne. Une amende fera l'affaire. À condition que l'on retrouve la gamine, ajoute-t-il, sinon, ça risque de se compliquer pour vous.

À vrai dire, les cas de disparation sont rarissimes. Grâce au réseau de micros et de caméras, grâce à la délation citoyenne responsable et solidaire, il est quasi certain de retrouver la petite Adèle. Mon cri et sa fuite étaient un peu vains et font sourire le magistrat qui croit à une blague.

En me relâchant, il me dit : Revenez-nous vite à la télé. Votre affaire est tellement regrettable.

J'ose lui demander s'il a quelques nouvelles de mon procès sur son écran. Il soupire du style, Vous m'emmerdez, je n'ai pas le droit, mais bon, je pars à la retraite, et je vous aime bien.

Il consulte son écran en plissant les yeux. Ils écrivent de plus en plus petit, se plaint-il. Je vois qu'on vous propose la castration chimique. Il a l'air dubitatif. Il pianote quelques minutes qui me semblent une éternité. Monsieur Conlang, je ne devrais pas vous le conseiller, mais battez-vous, rien n'est perdu pour vous.

Je lui avoue que ce procès m'est de plus en plus pesant et qu'il m'arrive de plus en plus souvent d'avoir envie de signer n'importe quoi, ce qu'ils veulent, ce qu'ils exigent de moi, n'importe quoi pour les satisfaire, mais qu'on me foute la paix, j'aimerais reprendre une vie normale.

Mes yeux s'humidifient, mes narines se dilatent. Je ne devrais pas craquer devant lui. C'est nerveux. Je dois me contrôler, comme me hurlait papa. Contrôle-toi, tu es un garçon, Alain, tu pleures trop, tu n'arriveras à rien ! Le voyage debout vers Roubaix a été éprouvant. Un prévenu dans la cellule à côté n'arrêtait pas de hurler qu'on le libère, il était innocent, c'était la faute de sa femme. Qu'est-ce que je foutais dans ce train qui fonçait vers ma sentence. Je regrette le temps des locomotives à vapeur. Cet empressement à condamner est terrifiant.

Le magistrat place une main devant sa bouche pour la cacher et se met à marmonner. Je déchiffre péniblement ses paroles. Il fait mine de se gratter le nez :

— Un des témoins à charge dans votre regrettable affaire possède des antécédents judiciaires très flous qui le disqualifieraient. Votre dossier risque d'exploser en vol à cause de cette personne. Mais je ne devrais pas vous le dire. Allez, déguerpissez. Je n'ai pas d'autres détails.

— Est-ce une femme ou un homme ? je lui demande avec précipitation.

— Vous comprenez, monsieur Conlang, que nous sommes filmés et enregistrés.

Il se pince le bout des lèvres et m'offre un magnifique sourire d'encouragement qu'il évite de faire durer trop longtemps.

Boulevard de Reims, un immense sentiment de joie me gagne. J'ai bien fait de me prendre pour Tarzan et d'alerter la petite Adèle par cet improbable cri. C'est la première fois que je croise un magistrat compatissant à mon égard. Mes chroniques, ma petite célébrité sans importance, éphémère mais pleine de surprises, me sauvent à nouveau du naufrage en envoyant des bouts de bois qui flottent vers moi et me maintiennent hors de l'eau. Je devrais apprendre à moins mépriser ma petite niche médiatique qui est un cadeau du ciel. J'ai toujours détesté les vedettes de l'écran, elles ont quelque chose de sale. Elles sont maculées d'une crasse due à un désir de reconnaissance morbide, ce besoin constant d'exposition aux autres, ce manque total d'humilité, aimez-moi, ma vie a tellement plus de valeur que la vôtre. Cette communauté crasseuse qui sent le vieux fond de teint tant elle ne souhaite pas se démaquiller. Je pense à Fabien qui m'y a accueilli. Je connais sa vie par cœur, il n'a rien à se reprocher mis à part sa trahison à mon égard.

Je pense aux autres invités. Peut-être leur précipitation à me condamner cache-t-elle des bavures dans le passé de chacun d'entre eux ? Combien de temps la justice prendra-t-elle pour étudier chacun de leur dossier ? Je crains que tout cela ne s'enlise indéfiniment.

Son portrait a été diffusé sur toutes les écrans disponibles et existants à ce jour. Dans les maisons, les entreprises, les gares, les aéroports, les rues, Adèle s'est volatilisée. Le système complexe de caméras, drones et micros quadrillant remarquablement le pays, y compris les étangs, les forêts et les montagnes, a complètement échoué. Même la surveillance des sous-sols et autres souterrains naturels ou artificiels n'a rien donné. On craint surtout qu'elle ne soit réfugiée dans le Territoire autonome de Marseille mais les autorités islamiques assurent ne pas l'avoir convertie ni accueillie et condamnent avec la plus grande fermeté ces amalgames intolérables renvoyant à une époque sombre de notre histoire.

Les pronostics de survie pour une enfant en soussol sont faibles. Le système de recyclage obligatoire est tellement perfectionné et efficace qu'elle aurait du mal à trouver une miette consommable laissée à l'abandon pour se nourrir. On ne glane plus, on ne fait plus les poubelles, rien n'est jeté, tout est recyclé et transformé, c'est la fierté de notre société qui a ainsi su dompter ses travers consuméristes, la responsabilité collective a triomphé sur les gâchis en tout genre qu'affectionnait tant l'humain. Et tant pis pour ceux et celles qui faisaient les poubelles à la recherche d'un yaourt ou d'une barquette de carottes râpées pas trop périmés.

Ma nièce a été absorbée par les murs. Mes voisins, le quartier, tout le monde a été interrogé. Adèle s'est dissoute.

Ficelle ne décolère pas. Cette jeune fille glaciale et parfaitement insipide n'a pas supporté que la police l'interroge et exige qu'elle dévoile les détails les plus anodins au sujet de sa sœur. Ses habitudes, ses manies, ses angoisses, ses stress, ses cauchemars, l'univers d'une gamine que seule une autre gamine pouvait trahir.

Je n'aime pas balancer ! a dit Ficelle aux officiels, surprenant ainsi tout le monde. Adèle est forte et courageuse. On ne la retrouvera jamais, a-t-elle déclaré sur un ton monocorde avant de se réfugier dans l'écran brillant de son téléphone. Personne n'a réussi à convaincre l'adolescente un peu antipathique que trahir sa sœur était la forme la plus haute de civisme et d'engagement citoyen. Ficelle a même refusé des points bonus au cas où son mapping se dégraderait, ce qui semble presque inévitable vu l'environnement familial de plus en plus bancal dans lequel elle évolue.

Ma belle-sœur s'est mise sous Xanax et Librium associés au Séroplex toujours en vente libre, elle a exigé du pharmacien les doses les plus fortes car elle a l'impression que tout s'écroule autour d'elle.

Comble de la honte, sur les écrans, les autorités ont diffusé une photo des parents de la fugueuse, une image un peu terne de ma belle-sœur qu'elle n'a pas appréciée, au côté de mon frère en homme, c'est révoltant, les services publics dénient à son mari son exemplaire transition, mais ils n'ont franchement pas le choix, il n'existe pas encore de photo officielle de Benjamin en mère éplorée.

…

Votre nièce, il faut la retrouver, c'est une catastrophe pour votre dossier. Autre chose… et répondez-moi franchement… et évitez-moi vos farces et attrapes, j'ai horreur des comiques. Il n'y a rien de moins sexy qu'un rigolo systématique. Avez-vous entrepris des attouchements dans le métro envers une touriste néo-zélandaise ?

Pardon ?

Mon avocate s'est fait défriser les cheveux qu'elle a teints en blond platine. Mais d'où sort-elle le droit d'utiliser ces substances chimiques interdites et si nocives pour l'environnement. Elle me tend une enveloppe extraite de son sac Hermès vintage acheté aux enchères.

Voilà une pièce de votre dossier que je me suis procurée grâce à un contact au tribunal, vous me rembourserez plus tard. Ce qu'on peut dépenser pour obtenir plus d'informations sur les dossiers…

Elle me montre une photo.

On me voit la main tendue, mais ce n'est pas clair, vers la poitrine d'une jeune femme blonde portant un débardeur serré et des Birkenstock roses, sur un quai du métro parisien, assez bondé, un après-midi d'été.

Ils ont identifié la jeune femme, Edith Kendall, une terroriste, pardon une touriste, néo-zélandaise. Vous la connaissez ?

Non.

Pourquoi vouliez-vous lui toucher le bout des seins ?

Pourquoi voulez-vous que je lui touche le bout des seins. Vous avez vu le monde.

Je suis d'accord. Mais les magistrats hésitent sur le geste. On dirait que vous lui touchez le sein.

Demandez à cette Edith si je lui ai touché quoi que ce soit. A-t-elle déposé une plainte ?

Le problème, c'est que cette jeune femme est introuvable et le tribunal n'a pas les crédits pour mandater un agent en Nouvelle-Zélande afin de l'interroger. Je crains qu'ils ne prennent pour acquis le fait que vous l'ayez touchée. Sa qualité de touriste en fait d'emblée une victime. Et ce n'est pas bon pour l'image de la France. Vous êtes certain que vous ne la connaissiez pas ? Un numéro de téléphone ? Un contact ? Que faisiez-vous sur ce quai ?

Havre-Caumartin ? Je revenais de la Fnac où j'avais déposé une imprimante pour réparation.

Ah bon ? Une imprimante ?

Oui un des derniers modèles autorisés avant l'interdiction. J'y tiens. Elle marche encore. Le problème, ce sont les cartouches d'encre, mais on en trouve chez certains brocanteurs. Et le papier évidemment. Ça bourre souvent, mais quelle joie d'imprimer.

Elle éternue, puis discrètement, sort de son sac un morceau de cheddar un peu terne et plutôt sec.

Je vous l'échange contre un carnet d'alcool.

Je ne résiste pas à son marché.

Ruben est étendu par terre, en étoile, il contemple le plafond. Il a placé des films de plastique étirables sur tous les détecteurs. Bien qu'interdit, il a pu en trouver un vieux rouleau chez Huguette Benichou, il n'y a rien de mieux pour faire taire les mouchards.

Il fume une clope. J'aperçois un paquet de Marlboro près de lui sur le sol. Un cadeau de sa tante, il l'a aidée à trier une montagne de vieilles affaires.

— C'est pour cela qu'ils veulent nous parquer ! dit-il.

— Qui ?

— Nous les juifs. Le pilpoul, vous connaissez ? Le Talmud ? Noir c'est blanc, et blanc ça pourrait être noir, voire jaune ou bleu si un rabbin a été assez convaincant face aux autres. Vous savez, on a traversé la mer Rouge à pied sec, les lois de la nature ne nous ont jamais impressionnés !

Je m'étends près de lui et m'allume une clope. Nous partageons le cheddar qui s'effrite entre nos lèvres, il a vaguement gardé son goût de fromage. Ruben se met à chantonner. Mes années d'adolescence reviennent au galop, les musiques, les premiers ébats, les souffrances, les douleurs, mon frère qui ne supportait pas ce tube que je chantais en gueulant, *Il est où le bonheur, il est où* ! Benjamin se bouchait les oreilles en hurlant que j'étais puceau, lui avait tant de succès avec les filles qu'il faisait défiler dans son lit sous mon regard révolté, et pourquoi moi j'étais petit et flasque, sans intérêt.

Ruben, mon avocate m'a conseillé de te chasser de chez moi et de te livrer aux autorités.

Mon fraisier éclate de rire : Qu'elle est bête. Vous et moi, c'est pour la vie.

Ruben, elle m'a *aussi* conseillé de livrer Adèle. On me promet l'annulation de toutes les poursuites.

Il éclate de rire de plus belle. Ils ne vous connaissent vraiment pas. Vous êtes Alain Conlang, le petit polémiste.

Ruben, me voyant rongé par l'angoisse, me confie en me chuchotant à l'oreille qu'il a trouvé un refuge pour Adèle mais qu'il ne peut me donner plus de précisions, tout va bien, elle mange à sa faim et prend la lumière, ne manque pas de vitamines. Votre appartement est sans doute sur écoute, ils ont dû actionner la procédure, ajoute-t-il. Sa respiration à la fraise caresse mes oreilles. Je lui souffle un nuage de fumée sur le visage, il ouvre la bouche pour inspirer. Il sourit.

Ruben continue à voix encore plus basse : Vous avez tant de chance de savoir écrire à la main. Moi, sans clavier, je suis perdu. J'aimerais tant écrire une lettre d'amour qui sortirait du bout de mes doigts. J'aimerais pouvoir écrire à mes parents, il paraît qu'à votre époque, il existait un concept de carte dite postale, une photo imprimée au dos de laquelle on écrivait des nouvelles, ici tout va bien, le temps est super, je passe de très bonnes vacances, vous me manquez, je vous aime. C'est si beau. Évidemment, pas très bon pour la planète.

Lorsque tu étais adolescent, tu hurlais au visage de Benjamin, Il est où le bonheur il est où *de ce chanteur, je ne retrouve plus son nom, tu prenais cet accent du Sud, tu étais insupportable. Ton frère couchait avec plusieurs filles dans une journée, même des femmes d'âge mûr, même mon amie Émilie, depuis on ne se parle plus. Tu te souviens de la gifle que je t'ai balancée lorsqu'au sujet de ses conquêtes, tu avais persiflé pendant le dîner : Toutes des putes. Suite à la gifle, tu avais ajouté : Toutes des salopes. Alors je t'avais renversé mon plat de pâtes sur la tête. Tu avais éclaté de rire comme l'adolescent attardé et jaloux que tu étais. Les pâtes formaient une perruque sur ton crâne et la sauce tomate, des larmes rouges qui coulaient de tes yeux, nous avions tous fini par rire car tu faisais le pitre, sauf Benjamin qui ne comprenait pas pourquoi ta jalousie à son égard se transformait ainsi en éclats de rire. Nous avons droit à nos putes, à nos saintes, à nos idiotes, à nos prix Nobel. Nous avons le droit de coucher avec qui nous voulons, notre corps et notre âme nous appartiennent et nous nous habillons comme il nous semble, les seins à l'air si ça nous chante, et ça ne fait pas de nous des salopes émerveillées par votre sexe si prétentieux. Ne ressemble pas à ces hommes, ils me font horreur. Un été, nous marchions tous les deux en bord de mer dans le Sud, à Saint-Cyr-Les Lecques justement. Tu avais douze ans, tu me tenais la main comme un petit mari. Ça rendait fou ton père qui était persuadé que tu deviendrais "une petite pédale". Nous remontions le boulevard de la Plage, à la recherche de raquettes en bois de qualité qui ne seraient pas manufacturées en Asie. Les hommes marchaient torse nu, aux côtés de leurs femmes habillées en débardeur ou robe d'été un peu ample. Je t'avais dit : Ces hommes, on ne les traite pas de pétasses ou de gigolos, tu trouves cela normal ? Tu avais haussé les épaules, tu avais juste dit qu'ils avaient de beaux muscles. Le mâle manque d'humilité et de modestie, et c'est notre droit à nous les femmes d'en manquer aussi. Même si je ne supporte pas l'orgueil et l'arrogance, c'est notre droit d'en faire aussi la démonstration. Pourquoi devrions-nous nous taire ? Vivre dans l'ombre ? Toujours nous excuser d'être plus douées ? Au nom de quoi, de qui ? J'en reviens à ton frère, évidemment il est libre de ses choix, mais il me rend si triste. Oui, il était mon héros, mais il me déçoit tant. Je ne souhaite vraiment pas le voir devenir une femme. Peut-être s'est-il lassé de sa stupide masculinité ? Je me sens si désemparée. Je me sens confuse pour la première fois de ma vie. Je me sens si seule.*

Je me suis toujours méfié d'elle. Je ne sais si je suis vraiment horrifié ou juste indifférent. Leur fréquentation est ambivalente car ils se nourrissent de ta merde. Mais on s'attache à eux, ils portent la clé de ta liberté, te l'agitent sous le nez sans jamais te la tendre. En plus, ils te font payer cher cette torture.

Mon avocate Anne Gentil a été retrouvée morte ce matin, sauvagement mutilée et la tête scalpée à la sioux. Les informations annoncent que le meurtrier présumé a été retrouvé dans l'appartement de la victime, le matin, en train d'avaler du muesli bio de marque Ma bonne nature alors que le corps gisait à ses pieds et se vidait de son sang. Les voisins ayant entendu des cris inhabituels toute la nuit ont fini par alerter les autorités. Ils ont même parlé de cris d'animaux, du style *Jurassic Park*.

Les photos de la scène du crime ont fait le tour des rédactions et ont relancé le débat sur la dangerosité des maisons closes, ces jeunes prostitués sans diplôme devaient absolument subir un suivi psychologique permanent tant les clients étaient exigeants avec une tendance au harcèlement. D'après les commentateurs, le meurtrier était lui-même une victime et on ne pouvait lui reprocher cet accès de folie provoqué par une femme experte de la loi qui aurait dû prévoir les risques d'une telle relation. Et cette différence d'âge excessive n'était qu'un terreau à problèmes, elle avait l'âge d'être sa grand-mère, disait-on. La victime était donc coupable et on parle déjà de la remise en liberté de ce pauvre joli jeune homme aux ongles bleus qui ne cherchait qu'à vivre en paix, loin du harcèlement de ces clients qui confondent sexe et sentiment. La limite est toujours délicate à franchir et l'outrepasser conduit toujours à ce genre de drame. D'après les ligues de défense de la prostitution issue de pays en souffrance, cette horrible femme aurait dû rester à sa place. Mon nom a même été associé à la victime afin d'illustrer le renom de cette avocate inconsciente et irresponsable mais à la clientèle prestigieuse.

Un communiqué annonce que le jeune prostitué portant le pseudonyme Wlady sera enfermé quelques semaines, le temps que la justice et les associations se mettent d'accord sur son pauvre sort, il ne serait pas juste qu'il subisse une double peine.

Ma mère m'appelle.

— C'est quoi ces cris d'animaux ? me demande-t-elle, comme si je savais.

— Maman, dès qu'un cri est poussé un peu trop fort, il est qualifié d'animal. C'est à croire que l'homme doit se taire et ne rien exprimer pour rester parmi les humains. Les voisins entendent vraiment ce qu'ils veulent.

Elle me dit qu'elle a mal au bas du dos. Elle n'arrive plus à bouger. Ce n'est pas dans ses habitudes.

Nos petites douleurs n'intéressent personne, aime-t-elle affirmer lorsque je me plains.

Assez souvent.

Les choses bougent enfin. Je me suis levé tôt, j'ai pris le TGV pour la cité judiciaire. Je suis heureux. J'ai reçu cette nouvelle convocation, je n'ai toujours pas trouvé de nouvel avocat mais mon dossier se réveille. J'aurais pu leur demander d'attendre le temps que je réorganise ma défense, mais la procédure prévoit aussi que je puisse ne pas être accompagné, en cas de force majeure, en l'occurrence l'assassinat sauvage de mon avocate. D'après les médias, elle aurait eu ce qu'elle méritait, le jeune prostitué a livré comme unique explication de son geste, qu'elle était "trop sur lui", constamment, "qu'elle ne respectait pas son espace vital", "son droit à la solitude". Il aimait sortir seul avec ses amis prostitués rencontrés sur le lieu de travail et elle lui aurait fait des scènes pour l'en empêcher. Le harcèlement incessant de la part de cette femme en surpoids et de trente ans son aînée a eu raison de sa paix intérieure si difficilement acquise. Il a craqué, s'en excuse et demande poliment la clémence de la justice, ils vont lui accorder une suspension de peine à condition qu'il accepte de quitter le territoire national de son plein gré et sur-le-champ.

Je suis resté debout deux heures dans le train tant il était bondé. À croire que c'est la saison des accusations et des inculpations qui pleuvent avant les vacances scolaires. L'odeur de transpiration et de sièges sales m'a retourné l'estomac et j'ai fait un effort pour contenir la nausée matinale. Rien n'a changé depuis la dernière fois, j'ai même cru reconnaître certains visages. Je me suis faufilé vers M. Salba, qui tenait debout grâce à un déambulateur en aluminium rouge dernier cri. Je l'ai salué. Apparemment excédé par les aboiements du chien de sa voisine, il aurait eu une attitude inappropriée vis-à-vis de l'animal, il ne savait pas laquelle, on le convoquait justement pour lui faire part de cette nouvelle affaire. Il se reprend, Je confonds, une autre histoire de chiens, une sale bête allait me pisser dessus, je tiens à peine debout. J'aurais dû le laisser faire sa petite besogne sur mon pantalon. Le vieil homme a l'air perdu. Personne n'avait voulu lui laisser sa place, il y avait trop de monde et des prioritaires plus fragiles que lui. Son avocat paraissait toujours aussi impatient et m'a présenté ses condoléances pour Anne Gentil, comme si j'étais de sa famille.

Pour une fois, je fais toutes les queues sans maudire cette attente que je déteste d'habitude. Tout me paraît formidable, on dirait qu'on vaporise dans l'air un cocktail d'anxiolytiques et d'antidépresseurs. Sur les écrans, nos photos défilent les unes après les autres, en grand, un peu partout, dans chaque recoin, pour ne pas rater notre tour. Il est de notre responsabilité de nous présenter à la minute précise devant le préposé qui nous est attribué.

Après quelques heures, mon nom et ma photo apparaissent enfin sur les écrans avec mon numéro et je me dirige vers le guichet. Je crois entendre quelques applaudissements et des cris d'encouragement. Un jeune voyou scande mon nom et hurle : On les baisera tous. J'aimerais qu'il se taise, ce n'est vraiment pas le moment. Quelques prévenus me demandent un autographe que je gribouille sur leur smartphone pour leurs gamins ou leur mère, ils posteront mon gribouillis sur les réseaux sociaux. M. Salba me fait un salut militaire comme si c'était la dernière fois que nous nous voyions.

— Bonne chance avec votre convocation, je lui dis.

— Bonne chance pour la vôtre, me répond-il. Il paraît que c'est très compliqué pour vous. Et cette histoire avec votre avocate. Ce n'est vraiment pas de chance.

— Ça fait longtemps ?

— Quoi donc ?

— Le procès.

— Ça dépend duquel. Je fête mes dix ans de procédures mais il faut dire que les rapports des experts prennent beaucoup de temps. Maintenant je dois noter les souvenirs, je perds la mémoire, quand ils me posent des questions, j'ai toujours l'impression de me contredire, c'est terrible. Je ne supporte pas les chiens. Enfin, on vit avec.

Je lui communique mon adresse et mon téléphone.

— N'hésitez pas si vous avez besoin de quoi que ce soit. Ma mère connaît du monde.

— Merci, monsieur Conlang.

Le préposé regarde sur son écran. Il semble dubitatif. Pourvu qu'il ne renvoie pas mon dossier à l'étude. Les choses, ma vie, tout avance. Pourvu qu'il retrouve le sourire.

— Nous ne retrouvons pas cette jeune néo-zélandaise. C'est un peu une chance pour vous. Le rapport des experts est formel. Votre geste est inapproprié, affirme-t-il d'un ton hésitant que je perçois pourtant presque souriant.

— Je ne me souviens même pas d'avoir effleuré la poitrine de cette touriste.

Il pianote sur son clavier.

— Mlle Samantha Linder, vous connaissez ?

— Vous savez bien que oui. C'est ma compagne.

— Votre ex-compagne. Elle s'est portée volontaire pour témoigner contre vous. Ce n'est pas une bonne nouvelle. Mais bon, ça fait avancer la procédure. Signez là.

Il me lance un magnifique sourire d'encouragement.

Je reconnais l'une de ses mères. J'avance prudemment vers elle.

— Bonjour, madame Linder.

— Laissez-nous tranquilles.

— Où est-elle ?

— Avec Julien, ils habitent ensemble.

— Ils s'aiment ?

— Évidemment qu'ils s'aiment. L'Algorithme ne se trompe pas.

— Elle a témoigné contre moi.

— Oui, elle a bien fait. Vous êtes un monstre, monsieur Conlang.

— Où habite-t-elle ?

— Vous êtes une erreur dans sa vie. Un bug. Elle ne pense plus à vous. Elle vous a oublié. Elle est soulagée, libérée, elle ne savait pas comment vous quitter. Vous la harceliez de votre amour dégoulinant. Elle était prise au piège comme une souris dans la glu. Vous êtes un prédateur.

— On s'aimait.

— Je connais ma fille. Elle ne vous a jamais aimé. C'était juste une façon de nous emmerder, nous ses parents. Elle a fui la toxicité de votre âme. Il paraît que vous passiez votre temps à dire des horreurs sur les femmes, les Noirs, les juifs, les Arabes et les animaux. Elle a livré une ribambelle d'enregistrements pour témoigner de votre pédophilie latente.

— Hein ! ? Ma pédophilie ?

— Il paraît que vous l'appeliez "mon bébé" ! Sam a tout répertorié, scanné, mémorisé. Ma fille a toujours été une citoyenne précautionneuse. Nous avons complété votre dossier et mon enfant a retrouvé l'intégrité de son mapping. Son avenir est enfin dégagé, il s'annonce radieux.

— Je n'ai jamais rien dit sur les Noirs et les Arabes. J'en suis certain. Peut-être une remarque inappropriée au sujet du chien des voisins qui ne cessait d'aboyer la nuit. Je ne suis pas raciste. Ni sexiste. Ni antisémite. Encore moins pédophile !

— Il paraît que vous lui avez offert une bible ! Dieu ne rentrera jamais dans notre famille ! Nous sommes de bons citoyens ! Vous fatiguez tout le monde, Alain Conlang. Vous ne faites rire personne mis à part une petite bande de paumés en mal de repères. Vous êtes dangereux et vous n'avez aucune utilité.

Je m'installe dans un café, je commande un Perrier par l'application prévue à cet effet. Le serveur qui me l'apporte exige un autographe, Je vous kiffe.

Je m'en veux, je n'ai pas pleuré ainsi depuis des siècles, ou peut-être quand mon père a quitté ma mère. J'ai pleuré quand il a fait sa valise, il n'a rien voulu prendre, il partait pour son stage de réintégration, la justice avait été clémente, il ne pouvait nous donner une adresse, il ne nous tiendrait pas au courant. Je lui ai sauté au cou, alors que j'avais déjà vingt ans, je n'avais aucune retenue, il m'a dit :

Finalement tu as raison, tu as bien le droit de chialer comme une bonne femme. Ne te tais jamais. Crie, pleure, d'où je serai, je t'entendrai. Ton père t'aime mais il a des soucis dans sa tête qui ne fonctionne plus correctement.

Benjamin est resté silencieux puis a rejoint ses copains dans un café comme si le père serait de retour le soir, pour le dîner où on écouterait ma mère parler des trains et des locomotives géantes. Je suis allé chez Fabien qui s'est mis à pleurer avec moi. Il m'a même pris dans ses bras, m'a embrassé sur le front. Je l'ai repoussé. Il paraissait désolé.

Dino, mon dinosaure en caoutchouc dont je mâchais la tête ou les pattes pour m'endormir, a disparu en même temps que mon père. J'ai toujours soupçonné ma mère de l'avoir balancé. Elle ne supportait pas que je garde encore ce vieux jouet dans ma chambre. À vingt ans, on se fout des dinosaures. Il fallait me précipiter dans l'âge adulte au plus vite, une fois pour toutes, c'était ridicule de s'accrocher ainsi au passé.

Il faut se taire, toujours, même à la maison, même dans son lit, même quand mes lèvres sont contre les tiennes, se taire pour sauver sa peau. Chaque mot est précieux, il faut les économiser. Se taire. J'aurais préféré que Sam me trompe. Dans le tas de conneries que je débite à la minute, j'ai dû m'incriminer pour l'éternité, elle a tout enregistré, rien n'est perdu de nos souvenirs. La mémoire, c'est son métier, son obsession.

C'est le jour que la population attend avec impatience, avec une fébrilité non feinte, comme le résultat d'un examen pour lequel nous aurions tous droit à une session de rattrapage d'ici la fin de l'année.

Les résultats détaillés du mapping du premier semestre sont communiqués à chaque citoyen. Pour moi, c'est la débandade comme prévu. Je suis dans le rouge par-delà tout rattrapage possible. Et je m'en fous.

Outre le procès qui évidemment n'est pas pour arranger mes affaires, mon mapping santé, sécurité, sociabilité, contribution au développement général, développement personnel, engagement associatif, responsabilité, éducation, banking, écologie, carbone, criminalité, toutes les notes sont mauvaises. Quand l'un dégringole, tout suit.

La section santé va me faire augmenter mon assurance et je vais tout payer plus cher. Les capteurs dans le frigo ont trahi mon goût pour le sucré et le gras. Ma consommation de pizzas n'est pas appropriée. À cause de mon avocate, qu'elle repose en paix, les tickets d'alcool ont trop vite défilé, m'entraînant avec elle dans sa chute. Ma consommation de viande est inappropriée au regard de la défense des animaux et de la ligue nationale pour la baisse du cholestérol ainsi que des ligues des véganes et végétaliens qui ne tolèrent plus rien et qui essaient de faire passer une nouvelle loi encore plus contraignante pour interdire tout simplement les tickets de consommation de viande, ça devient fatigant, j'adore la viande et je reconnais que j'en abuse un peu. Adèle me ressemble, elle ne sait pas mesurer sa consommation de steaks, une petite ogresse, et j'ai claqué mes tickets trop rapidement pour satisfaire son appétit.

En automne, j'avais des maux de tête et j'ai dû forcer sur le Doliprane encore autorisé. Le mapping santé s'est donc encore dégradé d'autant, pourtant j'avais soudoyé le pharmacien pour qu'il me donne des cachets périmés qu'il comptait détruire de toute façon, contre des tickets d'alcool. Peut-être m'a-t-il dénoncé, mais je ne le pense pas, c'est un chic type qui aime se plaindre à voix basse des nouvelles normes qui empoisonnent son quotidien.

J'aurais dû renouveler mes lunettes et m'occuper de mes dents tordues avant ce dîner fatal. La Sécurité sociale a décidé de m'infliger un malus de moins 60 % sur tous mes futurs remboursements. Je ne dois plus tomber malade et avec l'aide de… de… de Dieu, j'éviterai les accidents majeurs.

Mapping écologique, les emballages achetés n'ont pas été recyclés convenablement et j'aurais dû privilégier le vrac mais ça pourrit trop vite et je ne sais jamais la quantité à prendre. Éducation, je n'ai acheté aucun cours d'épanouissement personnel, j'aurais dû comme tout le monde m'inscrire à un cours de langue quelconque pour lequel j'aurais pu prétexter des absences, tout le monde fait cela, on connaît la combine, mais au moins le mapping éducation ressort toujours correct pour la majorité des citoyens, il est facile de le gruger. Je n'ose plus utiliser mon ordinateur et ma fréquentation des sites encyclopédiques et de développement personnel n'est pas brillante comparée à la norme nationale établie par les instituts du ministère de l'Éducation et du Partage.

J'ai dû réclamer une fois le remboursement d'une contravention car j'avais traversé le passage alors que le feu était au vert, ce n'était pas juste, je voulais aider une vieille dame qui s'était engagée sur la chaussée un peu n'importe comment, mais les caméras n'ont pas enregistré mon geste comme étant salvateur, mais plutôt comme étant incivique, ne respectant pas les règles et me mettant en danger inutilement, de nature à lester la collectivité de frais médicaux inutiles en cas d'accident. Les caméras n'avaient pas vu que la petite vieille m'avait chaleureusement remercié, elle voulait même m'offrir un carré de chocolat périmé, tout cela au milieu de la chaussée. Comme elle n'était pas lourde, je l'ai portée rapidement de l'autre côté quand les voitures autorisées s'étaient mises à klaxonner, bien que les klaxons soient strictement interdits, valant ainsi à tout le monde des PV à cause de cet incident pas encore prévu par le code officiel de bonne conduite mis à jour chaque année par l'État.

L'affaire de la touriste néo-zélandaise apparaît aussi sur ma liste de motifs de dégradation puisque non résolue.

Adèle et Ruben ont abusé des vidéos sur le net, des clips absolument débiles et sans logique, à mon âge et à l'aune de mon statut social et universitaire, l'Algorithme s'est senti un peu perdu, l'intelligence artificielle a ses limites face aux paradoxes humains. Même si j'ai déclaré la présence des enfants, leurs visionnages puérils me sont attribués et je suis défini aujourd'hui comme antisocial, en faveur de la cruauté envers les animaux et de la régression intellectuelle avec une tendance certaine à la rébellion. Mais les gosses hurlent de rire devant les petits chats gigotant dans des machines à laver, je ne sais comment ils trouvent ces vidéos strictement interdites.

Ma consommation électrique est aussi considérée comme inappropriée, trop d'électricité la nuit, ce qui influe sur le mapping santé, je ferais de l'apnée du sommeil et par la même occasion je dégrade aussi mon mapping écologique car à ces heures je suis censé dormir et ne pas faire tourner les éoliennes inutilement, elles font du bruit et les villageois s'en plaignent, je dégrade aussi mon mapping social, car il y a de fortes chances que je sois agressif au réveil à cause de mes insomnies détectées par les mouchards. Évidemment, je ne vais pas dénoncer Ruben et Adèle qui tous les deux aiment dormir la lumière allumée.

Votre honneur, je plaide coupable.

Oui, j'ai bu trop de bières. Je n'ai pas assez fréquenté les bordels de l'État, je n'ai pas assez posté de photos sur les réseaux sociaux, je n'ai pas utilisé l'Algorithme pour rencontrer l'amour, alors que ma compagne m'a quitté, j'ai acheté trop de sucreries chez les antiquaires car j'étais un peu déprimé, j'y ai aussi acheté du papier pour ma vieille imprimante à jet d'encre toxique mais dont j'aime les caprices et la musique, bref, je suis à chier, à jeter, pas recyclable, inapproprié, j'en suis maintenant convaincu, votre honneur, je mérite mon procès. Mes propos lors de ce dîner ne sont qu'un épiphénomène sans importance, une goutte d'eau qui a fait déborder le vase de mon irresponsabilité.

Je ne peux m'empêcher d'être heureuse et soulagée car mon mapping est resté immaculé malgré tes petits tracas qui nous touchent tous. J'ai pu faire intervenir une personne très haut placée du ministère de l'Intérieur. Tu sais, tout est négociable, rien n'est jamais gravé dans le marbre. Il n'y a rien de plus corruptible que le numérique, c'est extraordinaire comme c'est facile, pourquoi s'en priver. C'est un ami mais ça m'a coûté un peu cher. Tu dois me pardonner car je n'ai pas osé intervenir pour toi, ton mapping est si dégradé de toutes les façons. Tu t'en contrefiches, n'est-ce pas ? Dis-moi que tu pardonnes cette petite trahison sans conséquence. Je suis ta mère, tu dois tout me pardonner. J'ai tellement souffert pour te mettre au monde, Benjamin c'était facile. Je sais, je radote, mais j'ai encore le souvenir de la déchirure dans mon ventre parce que tu ne voulais pas sortir. Mon mapping me terrorise, je te l'avoue. Je traverse un moment de ma vie où j'ai l'impression de ne plus rien contrôler. Tout semble m'échapper, c'est drôle. C'est nouveau. C'est presque jouissif, quelle honte quand j'y pense. Notre famille vit-elle en équilibre précaire sur une plaque tectonique ? Évidemment, toi tu t'en fous.

Adèle n'avait pas opté pour le Territoire autonome. Elle a été retrouvée, dénoncée par une passante qui l'a reconnue à l'entrée du Ghetto juif. Son portrait avait été largement diffusé depuis des semaines sur tous les écrans, y compris les écrans de rues, à tel point qu'on s'était accoutumé au visage de cette enfant, on l'avait surnommée "la nièce Conlang". Mon histoire, mon procès, son séjour chez moi avaient été révélés au grand jour, décortiqués dans tous les sens, j'étais officiellement devenu toxique pour la société, c'était la conclusion des commentateurs. La population s'était attachée à ce visage de petite fille qui avait ému et intrigué toute la France et même à l'étranger. Il était urgent de la retrouver pour ne pas mettre à mal le système de sécurité très onéreux déployé sur tout le territoire pour rassurer les parents et les familles. Ma belle-sœur était passée plusieurs fois sur les chaînes de télévision afin d'implorer qu'on lui rende sa fille, elle ne savait pas très bien à qui s'adresser, quoi demander, car l'hypothèse du rapt n'était pas confirmée et elle ne désirait pas afficher l'éventualité d'une fugue qui allait assurément dégrader le mapping de toute la famille.

On avait aussi demandé à mon frère de se joindre à la supplique télévisuelle mais il avait refusé, il ne présenterait pas son nouveau visage au public, pas question de gâcher la cérémonie officielle de son baptême. Il réussirait sa transition jusqu'au bout. Et puis il n'avait pas tout à fait cicatrisé, un problème de paupières qui tombaient avait surgi, on ne comprenait pas cet effet de la pesanteur sur son regard, les médecins y travaillaient.

Ruben avait donc aidé Adèle à se cacher dans le Ghetto chez sa tante qui elle-même sans le dire à Ruben l'avait cachée chez Mme Benichou qui avait décidé toute seule de la confier à un neveu médecin, un type et sa femme qui n'avaient pas eu d'enfants. Ce couple tranquille avait choisi de rester en France car il y avait toute sa clientèle, c'était un ORL hors pair, notamment spécialisé dans l'apnée du sommeil. Cette épidémie touchait toute la population en panique de s'endormir pour toujours, terrorisée par sa respiration rebelle qui prenait des pauses au milieu de la nuit sans prévenir. Mais il faut bien que quelque chose, quelque part, dans le corps ou ailleurs, prenne sa liberté. Moi, c'est les narines.

La présence inhabituelle et répétée du jeune homme dans l'enceinte du Ghetto avait alerté les algorithmes de sécurité qui ne comprenaient plus rien, n'avait-il pas signé une décharge pour vivre à l'extérieur ? Croyait-il en Dieu finalement ? On ne pouvait cependant l'accuser de complicité ou de séquestration de mineur puisqu'Adèle n'en démordait pas, elle s'était rendue dans le Ghetto toute seule. La fugueuse ne lâchait pas sa poupée Barbie et son lapin qu'il avait fallu lui arracher de force et détruire sur-le-champ.

À ma grande tristesse mais au grand soulagement de mon frère et de ma belle-sœur, ma nièce a finalement été placée en institut. J'avais espéré que, par quelque utopie, elle réapparaisse dix années plus tard, ayant échappé aux filets implacables du redressement national. Elle n'était pas franchement une délinquante, mais elle restait indéfinissable pour la loi. Heureusement, les parents n'avaient pas déposé de plainte officielle contre leur petite fille, ce qui était pourtant encouragé par le ministère de la Famille dans ce genre de cas. Les assistantes sociales de l'État attribuèrent aussi son écart de personnalité à ma fréquentation trop régulière. Je ne me sentais aucunement coupable. Au contraire, ma tête se relevait toute seule. J'en avais mal au cou. Je n'étais pas habitué à cette position, mis à part devant la caméra, car les techniciens réalisateurs n'arrêtaient pas de gueuler qu'il y avait toujours de l'ombre sur mon visage. Cherche la lumière, baby.

Adèle insulta et vociféra devant les juges des mineurs, elle émettait des grognements d'animal sauvage et de guenon, on n'avait jamais vu cela, elle était devenue une petite bête qu'ils s'empressèrent de livrer à l'institut.

On allait la mater, la transformer, la recycler sans ménagement ni état d'âme, c'était certain, et c'était ma faute, je le répète, je l'avoue. J'étais devenu contagieux. J'en suis fier.

J'ai décidé de me laisser pousser les cheveux. Tant pis. Je paierai la taxe et travaillerai encore plus dur pour apparaître irréprochable dans le cadre de mes fonctions. On verra bien. C'est un risque que je suis prête à prendre, me faire belle, me plaire, après tout, c'est important l'image que l'on a de soi, tant pis pour la planète, je l'emmerde (l'écriture est dangereuse tout de même, voilà que je t'imite).

Tu te souviens, j'ai suivi des cours où l'on m'a enseigné l'art de créer de l'ombre sur les paupières, l'expertise pour redessiner les contours du visage afin de le rendre plus harmonieux, plus éclatant. J'étais si heureuse d'apprendre quelque chose de nouveau, j'adore découvrir ces territoires inconnus, décoder patiemment tous leurs secrets. Finalement, il n'y a que toi que je ne parviens pas à décoder. Si tu me voyais rire à cette constatation. C'est si délicieux, cette joie qui me surprend quand je pense à toi.

J'ai appris à corriger toutes les imperfections de mon visage. Tu voulais aussi que je te maquille. Tu voulais changer de visage, tu étais bourré de complexes malgré ton joli regard mélancolique. Mais tu refusais le rouge ou le rose sur ces lèvres que personne ne parvenait à dompter. J'avais cherché la féminité en toi, en poussant un peu les limites puisque je t'avais proposé d'essayer un de mes soutiens-gorges, c'était pour rire, chéri. Tu m'avais crié : Je ne suis pas une fille ! Tu as toujours refusé de te travestir, à croire que tu tenais à rester un petit mec.

Un jour, tu as décrété que tu devais certainement être stérile. Tu avais mal aux testicules. Épuisé par tes obsessions, l'urologue t'a envoyé faire une échographie. Tout cela, c'était après les tests ADN que tu avais exigés pour confirmer au monde que nous étions bien tes parents. Il n'y avait rien d'anormal en toi. Tu insistais. Tu étais stérile. Mais le laboratoire avait trouvé plein de spermatozoïdes hystériques grouillant dans tes bourses. Tu pouvais procréer. Tu semblais surpris. Presque troublé. Voire déçu.

J'ai déniché un magnifique costume Saint Laurent. Il a coûté une fortune. Je vais m'habiller en homme, Benjamin ne comprendra sans doute pas mon message. Toi, tu capteras tout de suite, j'en suis certaine. Tu m'en feras la remarque, tu me traiteras de vieille folle. Je vous emmerde aussi tous les deux, autorisez-moi quelques excès pour une fois, je suis éreintée de devoir toujours justifier l'équilibre maternel. Ce soir, je laisserai mon fils aîné devenir la plus belle femme de la soirée. Je veux qu'il brille comme il a toujours brillé. Je prie pour qu'on ne le compare jamais à moi, j'en serais malade. Je n'ai rien à voir avec sa transition. J'ai mis au monde deux merveilleux garçons.

Ton père viendra-t-il ? Des espoirs et des rêves de midinette m'envahissent soudain. Pourtant, j'ai appris à chasser toute sentimentalité de mon cœur. Je me suis ruinée en coachs, ces escrocs du bien-être. Je ne veux jamais me fragiliser, et puis quoi encore. Mais j'aimerais tant le revoir. Pourquoi je ne parviens pas à l'oublier. Pourquoi je me suis amourachée de cet imbécile sans cerveau. Je crains sans doute l'intelligence des hommes. Je veux rester debout toute seule au sommet. J'ai tant souffert de son départ, vous aviez cru que j'étais soulagée de m'en être débarrassée. Ce soir tu devineras mon désespoir et ma tristesse parce que tu sais lire dans mon regard. Mon bébé cactus, tes suppositions, tes déductions sont toutes correctes. Tu ne te trompes jamais à mon sujet.

Il y a foule à Chaillot. Le smoking et la robe du soir sont de rigueur.

Je me balade parmi les invités, ne sachant si je dois éviter ou soutenir les regards, j'ai l'impression qu'ils m'évitent. On dirait qu'ils se pincent le nez pour me féliciter, après tout c'est la transition de mon frère, ils ne peuvent m'ignorer complètement.

Ma belle-sœur, qui a l'air complètement absente, me fait la bise. Ah tu es quand même venu ? dit-elle, comme si j'avais eu le choix.

Elle est trop maquillée, sa robe est trop large, on ne voit pas vraiment qu'elle sort d'un régime draconien, ses Louboutin en cuir reconstitué sont trop grands, on dirait qu'elle souhaite flotter au-dessus de tout tel un nuage à la dérive. Ficelle est à ses côtés, elles forment un couple parfait. Elles me tendent leurs joues poudrées puis passent aux autres invités comme de petits automates bien élevés. L'ambiance est festive, quoique tendue par un suspense poli, entretenu par un quatuor de musiciens qui me casse la tête et les dents avec leurs cordes, en attendant l'apparition de mon frère, ma nouvelle sœur.

Une sorte de prêtre-rabbin se tient de côté et salue les invités qui le reconnaissent, certains lui embrassent la main comme si c'était le pape, des nostalgiques de l'époque où la croyance en Dieu était autorisée, il passe souvent à la télévision dans une émission dans laquelle il recycle les principes philosophiques des deux religions judéo-chrétiennes, sans jamais faire référence au divin, évidemment. Beaucoup de personnes le suivent et aiment son côté unitaire fédérateur et pas trop chiant au niveau du rituel. Un medley pseudo-spirituel qui convient à tous, je ne sais plus si c'est un juif converti au catholicisme ou l'inverse.

Il s'avance vers moi. Nous sommes deux stars de la télévision. Il me félicite, prie pour la bonne résolution de mon procès, que les forces positives de la vie m'accompagnent, et si je suis un pécheur, la punition me grandira, il n'y a pas d'épreuve que la Planète envoie à l'homme et qu'il ne puisse surmonter. Ça me rappelle un truc. Il feint de m'envier.

Heureusement pour moi, un couple ami de ma mère se jette sur lui en s'interposant entre nous, pour lui témoigner toute l'admiration qu'il lui porte, il a changé leur vie grâce à son best-seller : *Le Bonheur, un droit solidaire*.

J'aperçois enfin ma mère. Sa présence me rassure. Elle est habillée d'un smoking Saint-Laurent vintage qu'elle a dû payer une fortune, on n'en trouve plus, ils sont régulièrement vendus aux enchères chez Sotheby's. Le culte absurde vis-à-vis des grands couturiers m'a toujours dépassé, ils se prennent pour des artistes. Son apparence masculine est une provocation vis-à-vis de mon frère. Je ne suis pas certain qu'elle en soit consciente. J'ai l'impression qu'elle se fait pousser les cheveux. Elle devient vraiment folle.

Je lui fais la bise, elle est radieuse. Ton père n'est pas venu ? Pourquoi me parle-t-elle de mon père ? On dirait qu'elle espérait sa présence, il lui manque sans doute, elle ne l'a jamais remplacé vraiment, quelques aventures avec d'autres mannequins à la retraite, ma mère n'aime que les beaux sans tête. Ces temps-ci, je la trouve étrange, bizarre, insaisissable, comme si elle allait exploser en plein vol. Si elle nous lâche, nous tomberons tous. Je dois trouver les mots justes pour l'encourager à tenir.

Nous sommes interrompus par les chirurgiens de mon frère qui viennent la saluer et la féliciter pour sa gestion exemplaire de la compagnie des trains. Vous devriez gérer le ministère de la Santé plaisantent-ils, on a besoin d'une femme comme vous.

J'ai horreur des hôpitaux, répond-elle et ils se mettent à rire à son trait d'humour involontaire. Ils m'ignorent, ne me disent ni bonsoir ni félicitations. Je suis transparent.

Un serveur me propose une coupe de champagne, machinalement je lui tends un ticket et il se met à rire, Je vous kiffe trop, me dit-il, la loi autorise encore l'alcool sans ticket dans les réunions familiales de plus de vingt personnes, il checke sur son écran, mon nom est bien sur la liste, j'ai droit à ma coupe. Il me précise que j'ai même droit à deux coupes pour la soirée, me conseille de ne pas la descendre d'un coup, m'en refilera une troisième à l'œil si j'accepte un selfie avec lui.

— Deux coupes ? Ce n'est pas trois ?

— Vous n'avez pas lu la nouvelle réglementation ?

— Non.

— Pourtant elle a été publiée.

Un invité s'avance vers le serveur pour réclamer sa coupe, mais comme il a plus de soixante-dix ans, son nom, bien que sur la liste des invités, n'apparaît pas sur la liste des personnes autorisées, le ministère de la Santé ayant décrété que sa tranche d'âge est à risque.

— Tu es Alain, le fils un peu "poète" des Conlang ? me demande le vieil homme.

— On se connaît ?

— Je suis Charles, un ami de ton père, nous nous étions rencontrés au Club Porsche de Rueil-Malmaison. Enfin, tout cela, c'était avant la loi.

À son regard insistant sur ma coupe, je comprends son appel du pied.

Finalement, dans un coin du hall bourré de monde, nous partageons ma coupe.

— Quel cirque ! chuchote-t-il tout bas.

— Vous parlez de mon procès ?

— Non, je parle de ton frère. Quel cirque. Ton procès, ce n'est pas grand-chose. On ne gagne jamais un procès. Alors tu peux boire et attendre tranquillement que la justice décide de ton sort. Tu ne me reconnais vraiment pas ?

— Non, je vous assure.

— Charles Lemenestrel. Je suis un ancien juge. J'avais aidé ton père et ta mère pour que leur divorce soit le plus léger possible. Il faut dire que ta maman n'est pas une emmerdeuse. Une femme remarquable. J'espère que ta nouvelle sœur sera à la hauteur. Toi au moins, tu ne t'es pas jeté bêtement dans la compétition.

— Vous pouvez m'aider ?

— Je pourrais, oui, je connais encore des gens très influents à la justice, mais à quoi bon, une mauvaise manipulation, une protection mal calculée et tout pourrait s'effondrer pour toi. Laisse donc ton procès trouver sa forme, son souffle, il te suffira alors d'en capter le rythme et tu survivras facilement.

— Ils parlent de castration chimique. J'ai très peur.

— Moi, j'ai soixante-dix ans et ça ne me sert plus à rien de bander. Tu vois bien, je n'ai même pas droit à une coupe de champagne.

Il me rend la coupe vide et se dirige vers un de mes oncles.

Ma mère passe en trombe devant moi, et se précipite vers un groupe qui se forme à l'entrée du palais. Le ministre est enfin arrivé, me glisse-t-elle surexcitée, je n'y croyais plus.

Maman a invité le ministre de la Famille pour le discours d'introduction, ils étaient à la fac ensemble, un ami qu'elle a su convaincre de prononcer les quelques mots qui vont inaugurer la nouvelle vie de mon ex-frère.

On peut enfin commencer. Tous se tournent vers le grand escalier. La lumière baisse pour ne laisser qu'un point lumineux dans lequel apparaît ma nouvelle sœur.

Sur un thème musical que je ne reconnais pas, peut-être une composition spéciale commandée par Benjamin, ma nouvelle sœur entame sa descente de l'escalier dans un silence religieux. Les convives sont émus, recueillis, ma nièce Ficelle se met à pleurer, ma belle-sœur s'est figée dans un drôle de sourire qui se veut un mélange d'émotion et de jalousie contenue.

Ma nouvelle sœur est une femme splendide, sa robe de soie et dentelle blanche lui colle au corps sans un pli, dessinant ainsi sa taille si fine, sa silhouette parfaite. Ses talons aiguilles en vrai cuir (une autre dérogation obtenue par ma mère auprès du ministère de la Parité animale) lui font des jambes que je ne reconnais plus. Les perles sur le décolleté qui laisse deviner une poitrine ravageuse reflètent une douce lumière féminine qui enchante les regards médusés. Ses cheveux sont si longs, ils descendent en cascade sur ses épaules, jusqu'aux hanches. Je ne vois pas Benjamin payer la taxe, ça doit être une perruque de contrebande, il a toujours été très radin. À moins qu'il n'ait obtenu une dérogation transition, je m'y perds. N'y tenant plus, les convives applaudissent à tout rompre, saluant cette magnifique victoire de la volonté, de l'ouverture des esprits et de la médecine moderne. Mon frère a l'air heureux, comblée. Ses yeux humides reflètent sa fierté et l'esprit conquérant qu'il avait déjà enfant. Quand il me cassait la gueule, il levait son poing rageur en l'air car il avait à nouveau triomphé de mon esprit cynique et moqueur. Il ne me faisait pas taire pour autant et je persévérais dans mes sarcasmes le lendemain, souvent au sujet d'une de ses conquêtes dont le regard louchait ou la fesse débordait. Toi, tu fais que te branler, rétorquait-il pour me faire taire. Il n'avait pas tort.

Le curé-rabbin commence son sermon. Il évoque Adam et Ève, Hier tu étais Adam, aujourd'hui tu es Ève, il blablate sur les grandes figures historiques bibliques, puis celles de la mythologie et l'âme qui n'a pas de genre et la Planète, notre mère à tous qui nous sauve comme on l'a sauvée. Mais toi ma fille, tu as choisi et devant nous tu es merveilleuse, termine-t-il.

Mon frère se penche vers lui et lui glisse un mot à l'oreille. Le curé-rabbin hoche la tête en signe d'approbation émue. Il pose ses mains sur la tête de cette nouvelle femme.

Aujourd'hui, nous te nommons Benjamine et que la Planète bienveillante t'accueille parmi ses filles et ses fils, ses enfants qu'elle aime et protège. Amen.

L'assemblée applaudit en répétant ce nouveau prénom un peu décevant. On s'attendait à Émilie ou Simone. Ma mère est en larmes. Benjamine est le nom de sa mère, ma grand-mère. Il suffisait d'ajouter un "e", bégaie-t-elle. Maman se dirige vers sa nouvelle fille et l'embrasse. Elle est rejointe par ma belle-sœur et Ficelle. Des larmes de joie coulent de part et d'autre.

Le ministre s'avance près du micro. Il sort son écran pour lire son discours.

Ma chère Benjamine… Vous voilà aujourd'hui entrée dans l'histoire des femmes et par votre choix, la communauté nationale se réjouit de…

À cet instant, un groupe de sauvages surgit parmi les convives et hurle mon nom.

Alain Conlang en prison ! scandent-ils sans s'arrêter.

Ils s'étaient mêlés aux convives et font jaillir des pancartes en toile cachées sous leurs vestes d'apparat, révélant ainsi des slogans qui exigent ma mise à mort. Ils foutent un bordel monstrueux. Les convives fuient vers la sortie, créant une cohue dont on ne sait si elle est joyeuse ou terrifiée. La confusion règne. Des militants se regroupent autour de moi en vociférant mon nom, ils m'encerclent de plus en plus près, je ne parviens pas à les repousser. J'ai l'impression que cette couronne humaine va m'étouffer. Je choisis de rester silencieux. Je transpire, mon cœur bat de plus en plus fort. Je pense à Sam, si seulement elle était là, en paranoïaque chronique, elle les aurait repérés dès le début. Je pense à Ruben et Adèle qui auraient fendu ce cercle rageur pour se coller à moi. Mes petits protecteurs adorés. Je vais mourir sans les avoir revus.

Je ne sais pourquoi, je lève un doigt en l'air pour leur signifier que je les emmerde tous. Ma mère me hurle de loin de ne pas faire de la provocation, je persiste et leur fais plusieurs doigts d'honneur qui attisent leur férocité. Puis je me mets à faire le singe à la manière de Ruben.

Un autre groupe de militants apparaît pour s'en prendre aux Louboutin en cuir de ma sœur Benjamine et des autres femmes, dénonçant la corruption du ministère de la Parité animale.

Ma sœur éclate en sanglots, sa transition se transforme en cirque des revendications militantes diverses, un peu comme en bas de chez moi.

Je parviens à lever la tête et j'aperçois M. Lemenestrel qui en profite pour vider des coupes de champagne laissées à l'abandon sur une table par les serveurs qui tentent de maintenir l'ordre. La police ne va pas tarder à apparaître, assurent-ils aux convives effrayés. Mais elle tarde.

Le cercle autour de moi se resserre. Je crois que je vais crever. Adieu. Je suis innocent.

Comme dans un mauvais rêve, je me réveille le lendemain chez moi, seul. Hier soir, la police a parfaitement fait son travail, dans le respect obligatoire des droits de chacun. À son arrivée, les militants se sont dispersés d'un coup comme par magie.

Je déteste la solitude, elle me fait faire n'importe quoi. Adèle placée à l'institut, Ruben en séquestration préventive, jusqu'à ce qu'on trouve une solution à son égard. J'ai fait une déclaration m'attribuant la faute de ses dérives comportementales. Sam s'est définitivement évaporée dans ses trahisons, mais elle a fait parvenir un cadeau de transition à mon frère, un bon de visionnage illimité de clips pornographiques destinés aux femmes produits par ses parents. Je me mets à mépriser ma vie et mon incapacité à construire un avenir solide et durable. La bonne terre et les animaux sont mieux lotis.

Mon frère a été très digne et courageux. Benjamine s'est levée quand la police est arrivée et a exhorté les militants au calme. Le cercle s'était dangereusement refermé sur moi et je m'attendais à mourir. Mais les militants connaissent parfaitement leur limite et le droit citoyen. Le cercle m'écrasait juste assez pour me faire peur, pour que je suffoque mais pas totalement. Il était constitué de jeunes hommes et femmes pour qui j'étais le sexiste à abattre. Je n'avais rien à faire dans cette fête de transition emblématique des révolutions en matière de genre.

Benjamin(e) a fait un vibrant plaidoyer pour ma défense, il aurait fait un parfait avocat : j'étais un frère exemplaire qui l'avais soutenue dans sa démarche identitaire. Elle a décrit des scènes de notre enfance où je sauvais des animaux et refusais d'arracher les mauvaises herbes du jardin de peur de leur faire mal. Elle a décrit mon respect infini à l'égard des arbres en qui je croyais. Comment, chaque été, je participais au nettoyage des plages et de la mer, j'étais toujours le premier volontaire pour ramasser les détritus des touristes irresponsables, quand il est en tongs, l'être humain le plus éduqué oublie tous ses devoirs vis-à-vis de la Terre et des autres, mais moi j'étais présent avec mon énorme sac-poubelle recyclable. J'avais beaucoup d'amies filles qui ne juraient que par moi, elles appréciaient ma compagnie car je les faisais rire par mes pitreries et je savais garder une attitude appropriée face à elles (en fait les filles me terrorisaient, je préférais faire le clown plutôt que tenter un contact amoureux ou sexuel mais il n'est pas entré dans ce genre de détail sans importance). Il pouvait communiquer une liste précise de mes amies. Beaucoup sont même devenues lesbiennes.

Benjamine avait brossé un portrait de moi complètement faux, idyllique et invérifiable mais qui avait eu le don d'émouvoir les militants, ils s'étaient rendus à la police sans résistance. Ils avaient perturbé cette fête de notables et c'était suffisant pour apaiser leur colère chronique. En partant, menottes aux poignets, ils s'étaient excusés auprès de Benjamine tout en la félicitant pour sa transition qui était selon eux un acte militant ultime. À contrecœur, ils lui rendirent les Louboutin qu'elle chaussa telle Cendrillon.

Mon frère se dirigea vers moi sous les regards inquiets de ma mère et des invités. Malgré son beau discours pour me défendre, je décelais dans son regard une rage masculine à peine contenue, il allait me casser la gueule. Mais cette colère la rendait étonnamment belle, les chirurgiens avaient réussi sa transition en une femme spectaculaire qui savait maîtriser ses passions et ses colères. Je pouvais reconnaître à travers ses yeux verts maquillés à la manière d'une star du cinéma italien du siècle dernier ce regard qui m'a toujours fasciné tant il suscitait le désir chez les autres. On aurait dit Sophia Loren, une actrice qui rendait fou mon père dès qu'il la voyait à la télé. Papa hurlait : Qu'est-ce qu'elle est bonne ! Même vieille, elle reste bonne. C'était quand maman était en voyage ou au bureau. On rigolait bien tous les trois.

J'ai cru qu'il allait me cracher à la gueule, me dire que comme d'habitude, je lui gâchais sa vie, je lui gâchais tout, il n'en pouvait plus de me protéger ou de réparer les dégâts de mes offenses, c'était notre éternelle histoire.

Benjamine s'est penché(e) vers moi. J'ai cru déceler dans son parfum des effluves masculins, un brin de sueur âcre pas totalement maîtrisée, sur fond de fleur d'oranger et de musc, le parfum qu'elle s'était fait faire sur mesure chez Guerlain.

— Je t'aime, tu sais bien, me dit-elle. Je serai toujours là pour te défendre et te protéger. Je suis ta grande sœur. Une grande sœur, c'est comme une deuxième mère.

Puis elle s'est retirée dans la pièce qui lui était réservée à Chaillot pour se repoudrer. Mom l'a suivie. Elles avaient toutes les deux la même silhouette, c'était étrange, ma mère une version un peu plus fanée et avachie de mon frère. Elle finirait par haïr sa nouvelle fille à cause de ce reflet de jeunesse perdue qu'elle lui renverrait désormais.

Les invités ont réapparu et les desserts ont enfin été servis. Le champagne s'est remis à couler à flots. Les convives négociaient avec les serveurs une troisième coupe. Ils étaient nerveux. Ma mère a dû appeler son contact au ministère de la Santé pour obtenir une dérogation exceptionnelle. On le méritait bien, après tout.

Je n'avais plus rien à faire là. Je me sentais étranger parmi les miens qui changeaient trop rapidement, je n'arrivais plus à suivre.

J'ai marché toute la nuit dans Paris. Un mouton m'a percuté, je lui ai balancé un sacré coup de pied qui l'a fait déguerpir. Les passants ont pianoté sur leur téléphone pour reporter l'incident au ministère de la Parité animale. J'avais l'impression qu'ils me reconnaissaient encore, le comédien qui me remplaçait sur les écrans remplissait parfaitement ses fonctions. Mes fans ne voyaient pas la différence.

Je me suis mis à pleurer. J'étais perdu. Mon frère s'était aussi effacé. Je savais que malgré toutes nos différences, il allait me manquer. Je n'allais plus jamais le retrouver. Je regrettais le temps où il fonçait sur moi pour me casser la gueule à cause d'un mot de trop de ma part. Il était impossible de polémiquer au sujet de Benjamine tant elle était parfaite et merveilleusement belle. Je plaignais ma belle-sœur et ma nièce. Comment allaient-elles s'en tirer ?

Finalement, par son enfermement à l'institut, Adèle était protégée de tous ces tremblements de terre et de ces jalousies féminines. Les femmes ne se font aucun cadeau entre elles, c'est ma mère qui l'affirme. Ça ne vient pas de moi.

Ma nièce n'aura pas à se mesurer à cette femme parfaite, son petit papa.

Ruben est à nouveau convoqué à la Préfecture générale. Les autorités insistent, il doit absolument prendre sa résidence officielle dans le Ghetto juif, ou partir en Israël, on ne peut garantir sa sécurité ici, le rôle de l'État est de garantir la sécurité de chaque citoyen, ils ne trouvent plus d'arguments pour le convaincre, peut-être emploieront-ils les menaces, d'habitude les jeunes sont très dociles à condition de leur avancer sous le nez la morale et la logique, ou une cause noble à défendre, dans son cas : la paix intérieure.

Ruben s'endormit dans le train et rata la jolie gare de Thionville. On aurait dit qu'il l'avait fait exprès. Il se réveilla de l'autre côté de la frontière, au Luxembourg, le terminus.

Il fut intrigué par le grand-duché. Il m'avoua qu'il avait eu un coup de foudre pour la ville. C'est qu'au Luxembourg, il n'y avait pas de Ghetto juif, c'était trop petit, et le grand-duc s'y était opposé, apparemment les ducs ont encore leur mot à dire.

Il se promena, remonta l'avenue de la Liberté, traversa le pont Adolphe, admira la vallée de la

Pétrusse. Bref il se sentit bien et à l'abri. Boulevard Royal, il prit le tramway pour la cloche d'or, un nom de quartier qui l'intrigua, il s'imagina une grande kermesse joyeuse. Il y trouva facilement un job chez PWC comme réceptionniste, il portait très bien le costume. Il s'émerveilla de cette jeune population venue du monde entier et qui parlait toutes les langues.

— Vous devriez me rejoindre. On habiterait ensemble. Et avez-vous des nouvelles d'Adèle ?

Il s'installa rue de l'Eau chez une vieille dame qui lui loua une chambre dans son grand appartement, pour quelques heures de ménage le soir. Il réalisa que le Duché était coincé entre la France, la Belgique, l'Allemagne et la Hollande pas trop loin. En cas de problème et de nécessité urgente, c'était facile de fuir. En juif averti, Ruben pensait toujours à sa fuite, il repérait facilement les sorties de secours. Quatre pays, c'était un rêve.

La vie juive y était réduite à son strict minimum, il n'y avait même pas de restaurant casher, ni boucherie, ni rien de marquant.

Il découvrit dans sa chambre une vieille machine à écrire sans électricité ni puce électronique, pas de mouchard, toute mécanique, cette antiquité que la vieille gardait précieusement l'émerveilla, son défunt mari avait caressé le rêve de devenir écrivain sans jamais se lancer, un écrivain luxembourgeois, tout le monde s'en foutait un peu, il fallait aller vivre en France ou en Belgique, mais le couple stérile était attaché à son petit duché si paisible.

Vous savez, me dit-il, je m'ennuie tellement que je me suis mis à écrire. Je vais écrire un roman. Je vais devenir écrivain.

J'éclatai de rire. J'étais si heureux de lui parler.
Mais personne ne lit plus rien. Les écrivains sont morts.
Je m'en fous, j'écrirai pour vous et moi et Adèle. J'écrirai uniquement pour nous trois.
L'idée l'emplissait de joie, et le connaissant, il y parviendrait.

Il devait raccrocher car il était encore chez PWC. Un groupe de jeunes consultants en finances et stratégie venus d'autres PWC, d'autres pays, attendaient leurs badges visiteurs pour entrer dans l'ascenseur afin de rejoindre la réunion où ils changeraient un peu plus le monde. Vous serez toujours mon héros, dit-il précipitamment.

Je n'ai pas eu le temps de lui dire qu'il me manquait, que je souhaitais qu'il revienne, qu'il sentait si bon la fraise, que je m'ennuyais moi aussi, que je coulais au fond de ma vie sans pouvoir remonter, qu'il était sans doute le seul avec Adèle qui pourrait me lancer une bouée, ou une corde à laquelle m'accrocher, je devais remonter à la surface. Mais il n'aurait pas su comment réagir. Il aurait été pétrifié par ma déclaration et mon aveu de faiblesse. Il aurait fait le singe.

Je ne vous oublierai jamais, patron, on garde le contact hein ?

J'avais souri. Comme si…

Il y avait mon procès, l'incertitude de mon avenir, l'incertitude tout court.

Évidemment, on ne se perd pas de vue.

J'aimerais revoir Adèle mais on me l'interdit, il ne faut pas perturber sa rééducation. Seuls les parents ont droit de visite.

Benjamine tente de me rassurer. Ne t'inquiète pas, elle va très bien, elle m'a même embrassée. Elle a voulu m'appeler maman mais je l'ai corrigée, je reste son père après tout, sa mère, c'est Virginie.

Elle me précise que la gamine ne demande pas de mes nouvelles, elle est passée à autre chose, elle souhaite juste grandir et devenir une adolescente normale, tu sais, à cet âge.

Demande-t-elle des nouvelles de Ruben ?

Elle est si occupée avec ses cours, et les séances avec les psychologues sont épuisantes. Ils ont détecté chez elle une tendance à l'autodestruction. Elle devrait se suicider d'ici quelques années, tu savais, toi, qu'il y avait un gène du suicide dans notre famille ? Je dois sauver mon enfant.

Mon frère fait une moue, ses lèvres sont superbement maquillées, une vraie réussite. Il me montre avec une satisfaction non dissimulée des magazines féminins et économiques dont il fait la couverture grâce au fabuleux travail de communication de son attachée de presse. Des extraits vidéo d'interviews, sa femme sagement émerveillée à ses côtés.

Je pense à ma nièce, elle aurait fracassé l'écran sur lequel brille son père.

Je vais attendre qu'Adèle ait dix-huit ans. J'ai appris à attendre. J'ai appris la patience. Je la reverrai.

Soudain un bip nous dérange. Ma sœur consulte la notification sur son écran.

Elle devient toute pâle. Elle me regarde comme si j'avais encore fait une connerie. J'ai l'impression que devant l'adversité, le visage masculin de mon ex-frère tente de transpercer celui de Benjamine, comme un fantôme déchaîné qui aimerait reprendre ses droits à la vie.

— Adèle s'est enfuie de l'institut. Personne ne s'enfuit jamais des instituts.

…

Je sors des examens à l'hôpital. Mes reins fonctionnent parfaitement, je suis en parfaite santé, la commission du mapping a accepté que je fasse don de celui dont ils auront besoin. Mon crédit retrouvera quelques couleurs. Assez pour survivre parmi les autres. J'ai aussi proposé une partie de mon foie, mais l'alcool en a quelque peu terni les cellules.

Monsieur Conlang, nous vous contacterons. Bien entendu nous laisserons passer le délai de rétraction prévu par la loi.

...

Bien que l'autostop soit strictement interdit, je me suis posté aux abords de l'autoroute du soleil à l'abri des caméras, là où d'autres inconnus attendent leur tour pour profiter d'un voyage gratuit, anonyme et non traçable. Je veux descendre en Provence. Mon père vit là-bas. Je connais son adresse car ma mère lui fait parvenir de l'argent pour son anniversaire. J'ai besoin de le revoir, j'ai souvent le vertige depuis la transition de Benjamin. J'ai perdu mes repères. Il me faut rencontrer mon passé pour affronter l'incertitude de mon avenir.

Je n'ai jamais voulu lui parler depuis qu'il a quitté ma mère. Je le trouvais lâche et trop dingue à mon goût. Je n'ai jamais aimé les mannequins, ils sont pourris et stupides à souhait, ils vivent à travers l'admiration des autres, obtiennent tout facilement pourvu qu'ils restent jeunes et beaux, ils profitent de la faiblesse des autres, mon père a choisi ma mère pour assurer ses vieux jours dans le confort et la tranquillité, mais il n'avait pas prévu l'interdiction de l'essence et du diesel.

J'aurais aimé un père plus moche, plus intelligent, à qui j'aurais ressemblé, ça aurait été tellement plus facile. J'aurais sans doute eu moins envie de tout casser. La sagesse tient à peu de chose. Je n'en pouvais plus d'entendre les gens me dire avec étonnement : Mais d'où es-tu sorti ? Comme si je savais. Comme si j'avais eu envie de sortir.

Le camion à hydrogène m'a déposé près d'Avignon. Le voyage avait été plaisant, le chauffeur roumain m'avait à peine parlé, juste montré des photos de sa femme et de ses enfants. Je pensais à Adèle dont on a perdu la trace depuis si longtemps, on s'est habitués à son absence. Elle est introuvable. Le Roumain était petit et malingre, il avait des difficultés à voir la route, on aurait dit qu'il était assis sur des coussins, il avait un corps d'enfant maigrichon.

J'ai pris plusieurs véhicules autorisés pour atteindre le village où un gendarme un peu hagard est tout de suite venu m'interpeller car des caméras protégeaient chaque rue des intrus, il fallait se méfier et préserver la sérénité locale. Il n'y avait rien de plus précieux que la tranquillité.

J'ai murmuré Je m'appelle Alain Conlang, je recherche mon père, aux dernières nouvelles, il habitait ici. J'ai dû répéter plusieurs fois, il ne m'entendait pas. Les gens des villes ont pris l'habitude de parler à voix basse, pardonnez-moi.

Le gendarme m'a indiqué le chemin et s'est excusé chaleureusement, apparemment il connaît bien mon père.

Quand j'ai sonné, papa a ouvert la porte. Même avec l'usure du temps sur son visage, je ne parvenais pas à lui ressembler. Alors que Benjamin, même en version femme n'aurait aucun doute sur sa filiation, c'était son portrait mais avec l'intelligence de ma mère dans le regard.

Comme il semblait dubitatif, je me suis présenté, il pensait peut-être que je venais lui vendre un service de recyclage quelconque.

— Je ne t'aurais pas reconnu dans la rue si je t'avais croisé, dit-il. Ça ne va pas être possible. Je ne suis pas doué pour ce genre d'émotions.

Il a claqué la porte. J'ai insisté. Je voulais défoncer la porte. Allait-il appeler la police ? Était-il lui aussi gangrené par le besoin de délation collective ? Je ne partirais pas. J'ai attendu quelques minutes. Alors il a entrouvert et m'a demandé de faire le tour de la maison, de le rejoindre à l'arrière, il y avait un angle aveugle où les caméras citoyennes ne pouvaient filmer.

J'ai donc fait le tour de la modeste maison. Un immense sentiment de joie me submergeait. C'était incroyable, comme lorsque nous étions assis sur l'étroite banquette arrière de la Porsche et que papa explosait toutes les limites de vitesse sur le périphérique parisien. Il connaissait l'emplacement des radars par cœur et aimait s'en jouer. Avec Benjamin, nous étions en sueur, presque en extase, c'était mieux que le grand huit de la Foire du Trône. Nous étions joyeux de le voir si heureux. À la radio, Rihanna braillait qu'elle était *The Only Girl in the World*. Benjamin connaissait les paroles par cœur, comment faisait-il, moi, j'inventais mes propres mots.

De l'autre côté, une jeune fille a ouvert la porte qui donnait sur une étroite cour assez sombre. J'ai reconnu Adèle. Elle avait de magnifiques cheveux longs qu'elle avait tressés en une seule natte parfaite. Ça lui donnait un air sévère que je ne lui connaissais pas.

Elle semblait épuisée, manquant de soleil.

Mon père réapparut et me dit :

— Il n'y a pas de place pour toi ici. Il faut la laisser grandir tranquillement.

Aucun son ne sortait plus de ma bouche. J'étais heureux d'une certaine façon qu'Adèle ait trouvé un refuge familier. Il fallait que je parte vite pour ne pas compromettre son avenir. J'étais toujours dangereux et toxique.

— Attends ! a dit papa.

Il est revenu et m'a tendu un grand dinosaure en plastique. Dino.

— Je croyais l'avoir perdu.

— Non, je te l'avais piqué le jour de mon départ. On s'attache aux objets, comme tu sais, mais je n'ai plus de place ici. Ça ne sert à rien d'amasser. Et sa matière n'est pas recyclable. Il t'appartient, alors balance-le toi-même, je risquerais une forte amende à le garder.

J'ai mordillé sa tête en caoutchouc. Il avait le même goût sucré. J'ai posé mon nez sur le cou de mon père. Il avait la même odeur de voiture et de virées entre mecs. Il a caressé mes cheveux sales puis m'a repoussé comme si je l'incommodais. Adèle a foncé vers moi, elle a enroulé ses longs bras autour de mon corps comme lorsqu'elle était petite. Elle avait vraiment grandi. Avant, ses bras arrivaient à hauteur de mes jambes et j'en étais gêné, terrorisé lorsqu'elle ne voulait plus me lâcher. Aujourd'hui, c'est une jeune fille qui ne sent plus la meringue.

Je les ai laissés tous les deux. Je ne sais comment elle est arrivée chez lui, se faufilant à travers le réseau de caméras qui quadrillent le pays. Comment a-t-elle obtenu son adresse ? Peut-être en fouillant chez moi ? Ou ma mère l'aurait aidée ? Mon père, devenu l'as du recyclage, allait la fondre dans l'univers, le temps qu'elle devienne majeure. Ses seize ans viendraient si vite. Papa est un magicien.

Je ne saurai jamais. Poser trop de questions est si dangereux. Accepter est plus tranquille. Je suis reparti rassuré car je n'étais plus le seul homme de la famille. Mon père était de retour.

Je suis rentré à Paris en train.

J'avais le gros Dino dans les bras. Le système allait encore se troubler car il ne retrouverait jamais la trace de mon voyage aller. Les algorithmes se demanderaient sans doute que faisait Alain Conlang avec un dinosaure dans les bras dans le Sud de la France. Les images inexpliquées seraient versées à mon dossier.

On recherchait toujours la touriste néo-zélandaise pour témoigner contre moi. Dino à la matière non recyclable les conforterait dans leurs convictions quant à ma dangerosité.

Mon mapping a dû se figer dans sa chute, car on ne m'a pas refusé l'achat d'un billet. La promesse de don de mon joli rein a fait des miracles. Mon droit de rétraction arrive bientôt à échéance. J'ai peur. Puis-je seulement reculer ? Ma pisse est si transparente, je suis attaché à cette couleur apaisante de l'intérieur de mon corps.

En regardant défiler ce paysage vert et foisonnant, je me suis dit que je devrais moi aussi tourner la page, passer à autre chose, me réinventer. Depuis que j'assure ma défense tout seul, j'ai l'impression de mieux maîtriser mon avenir. Mon procès ne me lâche pas. Il m'est fidèle.

J'attendrai patiemment sa conclusion puis je verrai. La liste des invités du dîner est toujours étudiée et décortiquée dans tous les sens par les fonctionnaires de justice, le passé trouble de l'un a eu un effet domino sur les autres dont on ouvre les dossiers aussi.

Ils ont viré l'acteur qui me jouait moi mais mieux. Je suis définitivement oublié. Peut-être que je parviendrai à être un homme heureux à nouveau. Peut-être que Sam reviendra même si la justice ne se rassasie pas des pièces à conviction dont elle abreuve régulièrement mon dossier. Un jour, elle tombera sur une des nombreuses photos qu'elle a prises de moi et mon regard amoureux neutralisera sans doute sa folie passagère. Quant à Adèle, elle deviendra une femme libre. Ruben ne cessera de changer d'adresse mais on gardera le contact, on se l'est promis. Fabien s'est fait virer de la chaîne à cause de son suicide raté, il a fait ses six mois dans une des tours carcérales qui m'effraient tant. Quand il est sorti, l'État lui a péniblement trouvé une place de vendeur dans une boutique de bouteilles recyclées. La bonne nouvelle, c'est qu'il a définitivement abandonné ses lamentations existentielles et qu'il ne parle plus de son homosexualité comme d'un lourd fardeau à trimballer et qui l'épuise. Mon ami finira par trouver un petit mari qui l'aimera et le chouchoutera, les rêves finissent toujours par se réaliser. Je lui ai pardonné sa trahison mais il ne me croit pas. Je l'aide de temps en temps en l'invitant au restaurant pour qu'il mange à sa faim, il est devenu énorme, il ne cherche plus à plaire, il se met un peu au régime à la réception de la notification pour la consultation obligatoire concernant la pose d'un anneau gastrique. Je vois aussi de temps en temps le vieux M. Salba à qui le tribunal a proposé un séminaire d'un an pour mieux s'ouvrir au monde canin. Il a refusé car il rêve de créer une association dont je serais le président, un truc pour la défense des dossiers insolubles semblables aux nôtres. Mais je n'ai pas l'âme associative. Lui non plus, dit-il. Juste une idée en l'air. Un rêve comme un autre pour garder le contact. Monsieur Conlang, j'ose vous avouer que je vous considère comme un ami très cher.

Les rêves et le pardon échappent à l'Algorithme.

Ma mère me soutiendra quoi qu'il arrive, qui d'autre que moi. Et ma sœur deviendra une aimable grand-mère. Ça me revient maintenant, Benjamin en rêvait déjà tout petit. Dans les spectacles de l'école, c'était toujours lui qui choisissait de se déguiser en méchante sorcière qui se transformait à la toute fin en bonne fée. La maîtresse insistait pour qu'il joue le prince ou le roi, il serait parfait. Il l'était. Les collants blancs qui lui moulaient les jambes et le bassin rendaient les filles folles. Ainsi que les garçons.

…

C'est étrange, je ne pense plus à mon procès, il est devenu comme une maladie chronique, il m'accompagne au quotidien, il me manquerait si on me l'annulait.

Je me laisse porter par les recommandés, les informations qui tombent de tous les côtés, sans prévenir, elles viennent de partout, on ne s'y attend pas, elles possèdent leur propre rythme, leur logique, rien pendant des semaines, des mois, puis tout s'emballe pour retomber à nouveau dans un silence auquel je me suis habitué et qui ne me stresse plus.

Ce procès fait partie de mon être, mon identité. Il est mon seul ami. Je suis devenu son otage qui se languit de son bourreau lorsqu'il s'éloigne, je souffre d'un syndrome de Stockholm aigu.

Je vis désormais aux crochets de ma mère. Ça ne la dérange absolument pas. J'ai l'impression que son regard à mon égard a changé, alors que je ne suis plus grand-chose maintenant. C'est agréable, on dirait qu'elle m'admire. Ces temps-ci, elle divague un peu. Je la trouve très agitée.

J'ai pu lui affirmer sans bafouiller que je préférais être un homme libre dans un monde pollué plutôt qu'un esclave respirant de l'air pur.

As-tu appris la nouvelle ? Ficelle a été nommée commissaire auprès du ministère de la Responsabilité Carbone. Quelle fille brillante. Ton frère est si fière. Elle me demande de lui enseigner l'art de se mouvoir dans les arcanes du pouvoir. Mais je n'ai plus la force. Je suis épuisée.

Tu ne pourras plus compter sur mes finances qui vont quelque peu souffrir ces prochaines années. Demain, je démissionne, mes résultats ne sont plus à la hauteur, je préfère me retirer avant le déshonneur des prochains conseils d'administration. Je me suis lassée des voies ferrées et du transport de marchandises. Mes cheveux sont si longs, je me sens revivre et je me contrefous de gaspiller leur flotte. En me coiffant chaque matin, je pense à ma mère. J'ai été une mauvaise fille, pas souvent présente. Je ne la supportais pas, pour elle, les hommes avaient forcément raison. Je pense à notre petite famille aussi. Tous tes tracas, ceux de ton père, la brutalité de Benjamin, tout cela est ma faute.

Garde ce secret : je descends dans le Sud retrouver l'homme de ma vie. Papa me manque. Nous fuirons ensemble, nous trouverons un nouveau refuge, sans caméras ni micros. Je n'en peux plus de chuchoter. Je veux crier, hurler. Mes lèvres sont si sèches.

Et s'il m'arrivait la même chose que toi ? Une phrase mal placée ? Mal comprise ? Je redoute tant ces procès qui s'abattent d'un coup pour punir notre légèreté et notre insouciance. Je n'aurai jamais ta force. Heureusement, j'ai ce petit cahier qui me fait tant de bien. Je n'y raye aucune phrase.

J'ai toujours cru que je t'avais raté. Les premiers de classe sont des crétins séparés du monde, tellement obsédés par eux-mêmes, par leurs concours qu'ils aiment réussir et par ces ascensions sans fin qui les enivrent et les obsèdent. J'ai mis soixante-deux ans à réaliser que la bonté est la seule vraie beauté.

Bébé cactus, tu es mon soleil, tu es notre homme. Prends le relais.

Je t'aime.

OUVRAGE RÉALISÉ
PAR L'ATELIER GRAPHIQUE ACTES SUD
ACHEVÉ D'IMPRIMER
SUR ROTO-PAGE
EN FÉVRIER 2020
PAR L'IMPRIMERIE FLOCH
À MAYENNE
POUR LE COMPTE DES ÉDITIONS
ACTES SUD
LE MÉJAN
PLACE NINA-BERBEROVA
13200 ARLES

DÉPÔT LÉGAL
1re ÉDITION : AVRIL 2020
N° impr. : 95943
(Imprimé en France)